湛庐文化
Cheers Publishing
a mindstyle business
与 思 想 有 关

魏江雷 ◎ 著

# 跑步时，我拥有整个世界

浙江人民出版社
ZHEJIANG PEOPLE'S PUBLISHING HOUSE

# 正确地迈出第一步

**杜兆才**
**国家体育总局田径运动管理中心主任**

早就听说跑圈里有这么一位大咖，直到 2015 年中国马拉松年会上，才正式认识江雷。听他在会上兴致勃勃地讲起如何管理跑团，当时就给我留下了很深的印象，因为其中有不少想法都与中国田径协会（以下简称“田协”）的工作思路一致。

聊起来后，我才知道这位儒雅潇洒的高管并不是近几年跑步风潮兴起后的跟风者，而是有着 16 年跑龄的资深跑者。之后，我们又陆陆续续在不同场合见过面，在 2015 年的南京女子半程马拉松赛上，我还有幸接受了江雷的视频采访，一同探讨如何推动中国跑步产业的发展。

还记得 2009 年我刚到田径运动管理中心工作时，全国的马拉松赛事不到 10 场，2010 年是 12 场，2015 年在中国田协注册备案的马拉松及相关运动赛事已经增至 134 场，今年更是呈现井喷式发展，超过了 300 场，出现了山地马拉松、森林马拉松、沙滩马拉松、超级马拉松等创新形式。由于跑步的火爆，许多赛事甚至都要以摇号抽签的方式分配参赛名额。

跑步运动风起云涌的同时，也暴露出一些急需解决的问题，特别是在跑步的科学训练方面。马拉松跑一定要讲究科学和健康，中国田协目前在马拉松培训上做了很多功课，包括在上海体育学院筹备成立中国马拉松学院，进行科学训练、医疗急救、马拉松文化等方面的培训。只有讲究训练的科学性，提高管理和服务的质量，中国的马拉松才能在快速普及中井然有序地发展。在这些方面，江雷兄和我们又想到了一块儿。其实，他并没有专业体育训练的背景，但从走开始，他目前已经完成了 26 个全程马拉松。这一路的探索，势必走过弯路、受过伤。如今，他愿意开诚布公地把这些年来对跑步的心得体会跟所有想要开始跑步的读者们分享，帮助大家正确地迈出第一步，正是出于他对跑步这项运动的尊重。

江雷并非跑圈网红，也不是神话缔造者，他更像是一位值得信赖的兄弟，在书里将自己与跑步的爱恨情仇向我们娓娓道来。读他的故事时，我们会发现，原来马拉松并不遥远，原来我也可以。这本书将给跑友一个非常好的参考，因为它讲述的是如何科学地跑步、如何正视跑步带来的伤痛困扰、如何享受在风中奔跑的时光、如何通过跑步遇见更好的自己……就像江雷说过的，跑步是一种生活方式，我希望更多的跑者和读者能从本书中受益，跑得更健康。让我们一起打开这本《跑步时，我拥有整个世界》，共同分享一个跑者的传奇经历和独特体验。

# 用更美好的自己拥抱生活

**曹国伟**
新浪董事长兼 CEO、微博董事长

新浪于 2009 年推出微博，巧的是，那一年的 9 月 14 日，我发出的第一条内容谈的正是跑步："刚在跑步机上走了半小时，出了一身汗，感觉不错。有两个多星期没跑了，要是能坚持，效果应该不错。"

这条微博无意中道出了关于跑步的一个关键词：坚持。其实跑马拉松和经营企业有着相似之处，所需的成功要素里都包含"坚持"二字。

马拉松常被喻为跑者的成人礼，它需要长时间、科学的准备和训练。新浪在门户时代独领风骚，后来微博又成为中国社交平台的代名词，在这个过程中同样经历了长时间的思考、尝试和准备。在前进的跑道上，不论是跑者还是管理者，都需要找对方向，勇于探索，不怕摔倒。

江雷在本书中分享了自己的跑步故事，这可以帮助还未跑步的你开启新的生活方式。有他相伴，能少走一些弯路，少受一些不必要的伤痛，用更美好的自己去拥抱生活。

## 和跑步永远……

一直喜爱运动但没什么运动天赋的我，两年前阴差阳错地踏入了体育圈。与之前服务了24年的信息科技产业不同，对我来说，体育产业一直有许多神秘感。

30多年前，中国开始了改革开放，多个行业取消进出口批文，放松市场准入，简化各项审批手续，以市场化的规则培养市场，让商业资本的优胜劣汰选择项目，让竞争来培育企业和人才。于是有了1984年创立的联想、华为、万科等一大批今天看来举世瞩目的企业和全球化的品牌，也有了很多国际化的人才。

然而，中国体育事业的发展却一直以国家投入为主，竞技体育项目更是以国家队为核心的国有体育资产。在信息科技和房地产等产业改革开放元年的1984年，新中国首次参加奥运会，举国体制培养的国家队在洛杉矶大放异彩，弘扬了国威，振奋了民族精神。洛杉矶奥运会 30 年后，国务院颁布 46 号文件，为体育产业的发展指明了方向、插上了翅膀。

随着足球、篮球项目改革的深化，体育赛事管办分离，一大批民办和商业化的竞技体育和群众体育项目得以蓬勃发展、百花齐放。其中，群众基础最好、参与人数最多的是健身和跑步。

近年来，跑步项目的发展造就了跑步赛事，尤其是马拉松赛事的井喷。从 2000 年开始跑步的我从来没有怀疑过跑步项目有朝一日会风靡中国，只是惊叹其发展的速度和规模。

由于工作的关系，我在 2012 年开始运营联想集团的跑步营销项目。当时的跑步和马拉松赛事远没有今天火爆，联想得以凭借极低的投入成为中国田协所有金牌赛事的合作伙伴。2012 年，我和中奥路跑的孙总交流北京马拉松（以下简称“北马”）的合作时，曾向北马赛事运营商——中奥路跑建议北马未来可以进行的发展和变化：

1. 成为中国首个只有全程的马拉松赛事；
2. 关门时间设为 5 小时，减轻对城市公共服务设施的压力；
3. 报名费调整为 500 元人民币，大幅提升跑者享受的服务水平；
4. 增加残疾人的参与，向轮椅选手和盲人选手敞开参赛大门。

2015 年，我的第一条建议成为现实。随着跑步运动的快速发展，各地政府纷纷顺应民意，从服务市民、满足群众的需求出发，开办马拉松赛事；2016 年，在田协报备、由田协管理的马拉松赛事有近

300 个。这些赛事一方面极大推动了全民健身和跑步运动的开展、普及，也让各个城市的管理者真正地参与到体育产业的建设中来，从而摸索出群众体育发展的脉络和管理方法。

硬币都有两面，跑步项目的普及也带来一些急需解决的问题。

一些跑友不能科学地进行跑步训练，盲目追求短时间内上量，甚至出现“三个月征服马拉松”的豪言壮语，并将其疯狂地投入实践。如此盲目运动，往往会造成不可逆转的伤病。但出于自尊，这些遭遇伤病困扰的跑者往往选择沉默，于是我们在微博和朋友圈中看到的都是清一色的励志故事和大神分享。

一位没有伤病、身体健康的普通人可以通过科学系统的训练完成 42.195 公里的马拉松，我本人则是在跑步 12 年后才完成首马。而对于零基础和没有运动习惯的普通人来说，至少要投入三年时间训练，同时增加体能，才有可能应对一个马拉松。

现在的跑者大多选择加入跑团，在跑马前辈的带领下训练、参赛、实现梦想。据新浪体育估算，全国大约有 36 000 多个跑团。这些跑团规模各异，组织水平参差不齐，训练方式也多种多样。如何让跑者科学、系统地训练，减少伤痛，这成为当务之急。

中国田径协会在广州举行的 2016 年年会上，已经开始讨论这个议题。田协马拉松委员会也在积极地组织专家讨论，形成对跑团的支持、指导和管理办法，以期解决这一问题。身为田协委员的我也有幸参与讨论，并提出相关建议，包括跑团应登记、注册，跑团训练中应有医疗和保险保障，跑团应拥有经过田协培训和认证的路跑训练员等。

至于动笔写下此书，也是机缘巧合。2015 年年初，我去参加好友张向东的新书发布会，当时他刚刚离开 3G 门户网站，创立了 700Bike，将他热爱的自行车运动作为事业。我问他为什么写书。他说："写书更多是为了自我记忆。这么多生活感受、人生感悟，不记录下来太可惜。没有比文字这种更有带入感的方式，提醒我自己从哪里来，要到哪里去。"言语朴实，打动我心！跑步 16 年的我也有许多感悟，也经历过很多伤痛。若将它们写下来与大家分享，悦已、助人！

当真正要开始动笔，我才意识到任务艰巨。一直有写随笔散文习惯的我从来没有系统规划、完成过一本书呀。

几经思量，我请来同事、记者何霞帮忙。霞是新浪体育的综合记者，在体育界笔耕 10 余年，我很喜欢她轻松的文风、清爽的文笔。我约她谈了写书的想法，她欣然应允。于是 2015 年秋天开始，我们利用午休时间、出差中机场等候的间隙、周末的咖啡时间，开始了共同创作。不能见面时，我们就通过微信或电话交流。她提问，我回答；我讲述，她记录；整理成文后，再一起修改。几个月下来，几百条微信语音、几十次面谈后，10 余章文字跃然纸上。

终于，在里约奥运会后，书稿工作告一段落，我们可以坐下来和出版商谈了。感谢湛庐文化的陈晓晖陈总，愿意帮忙把这些简陋的文字、简单的想法，以书香的方式传播。陈总自己也是跑者，刚刚完成六大满贯。我想，我是钻了空子，占尽了便宜！

除了何霞、陈总，这本书得以问世，还要感谢很多人：国家体育总局田管中心的杜兆才主任、王大卫副主任，中国田径协会马拉松办公室的水涛主任……书中很多想法是和田协的各位领导沟通交流，乃至脑力激荡的成果。在本书的最后一章，毛大庆、欧阳靖、叶钊颖、盖洛威、张思杰、戚军等我的很多跑友和良师分享了不同的内容和跑步感悟。同时，也要感谢我的同事 Angela Meng，她为本书拍摄了跑前热身和跑后拉伸的动作图。感谢摄影家汤辉老师为我拍摄了本书的封面照片。

扫描关注“湛庐教育”，
回复“跑步时，我拥有整个世界”
掌握热身与拉伸的动作要领

而在我 16 年的跑步经历中，要感谢的人更多。刘宇是我在加利福尼亚时 5 年的跑友，谢頔博士鼓励我完成全马，黄新京、帅克老师是我的全马教练。太多人要感谢，不一而足，在这里向我漏掉的朋友说声抱歉。

最后要感谢我的家人，你们给我鼓励、关心、支持和爱，让我能健康、快乐地跑到今天；感谢小 A 大人，陪我东奔西走地参加马拉松，布拉格、柏林、布里斯班……有你的陪伴，我能跑到 100 岁！

2016 年 11 月 4 日，于云南

目录

# RUNNING IS A CURE FOR EVERY ILLNESS.

驾照上的照片记录着自己 10 年前初到美国，
还未开始跑步时的放肆。
眼睛被挤得只剩下一条缝，
实在太胖了。
身体是装载你灵魂的行囊，
行囊的美丽令你的灵魂愉悦。

# 01

# 乘着风，跑吧

## 我们为什么跑步

在我过往接受过的所有因跑步而起的采访里，无一例外都会被问到一个问题：我们为什么要跑步？每次的回答有长有短。其实我跟大多数跑友一样，是怀着让身体更健康的朴素愿望与她结缘的。16 年前，我的理由很简单——我太胖了！

从 1996 年到 2007 年，我在惠普公司（HP）工作了 11 年。2000 年前后，我从惠普中国调到位于加利福尼亚库比蒂诺（Cupertino）的惠普总部工作。此后，我的生活起居、饮食结构发生了巨大改变。原本就无肉不欢、爱喝红酒的我如鱼得水，开始尽情享受加利福尼亚的美酒和佳肴。半年下来，体重大约飙升至 81 公斤。由于负责的是全球销售和市场管理，我的一部分工作时间和北京同步，下午 4 点上班，凌晨 12 点收工；一部分和欧洲同步，早上 6 点进办公室，下午 3 点下班。周而复始，生物钟也好，起居习惯也罢，都被扔去爪哇国了。

晚上睡不着、白天头昏脑涨，救命的“良方”是睡前喝上一杯。

加利福尼亚是新世界葡萄酒的代言产地，我第一次去家门口的西夫韦超市（Safeway，类似京客隆的中等规模超市）时，面对三大排、共四五百种的红、白葡萄酒，顿时傻了眼。犹豫之下，我拿了最便宜的舒特家族酒庄（Sutter Home）的解百纳红酒，价格是4.99美元，心想万一不好喝就拿去浇花。谁知入口还不错，当天两顿就喝完了。

再去超市，带回了6.99美元的蒙大菲酒园（Robert Mondavi）的木桥葡萄酒（Woodbridge），口感很棒；然后是9.99美元的赫斯精选（Hess Selection）……这样一路喝上去，跟随着佳酿一起消灭的是高热量的牛排、烤羊腿、香肠。每周末，还会有以各种名目举行的烧烤聚会、红酒大餐。在品尝过得州烤肉（Texas BBQ）、波士顿烤鸡（Boston Roast Chicken）、意大利肉丸（Maggiano's Little Italy）后，我又迅速发现了新大陆：纽约芝士蛋糕（New York Cheese Cake）。

现在想想，当时每天至少吃下四五千大卡，不胖才怪！很快，问题就来了：之前的衬衣、西裤纷纷罢工，西装愣是小了一号。某次体检之后，典型的“三高”症状在我身上更是无一幸免。

怎么办？乘着风，跑吧。

由于工作时间灵活，我能有大把时间用于锻炼。到加利福尼亚半年后，我搬到了洛斯加托斯小镇（Los Gatos）居住，那里离办公室稍远，但是景色宜人。小镇位于硅谷的南侧，人口5万多，有着120多年的历史，紧挨着圣克鲁斯群山（Santa Cruz）。

准确地说，一开始我主要是走。那时的加利福尼亚正值雨季，每天晚上雨水充沛，上午开始放晴，到下午就阳光明媚。17 号公路沿线的步道给了我投身锻炼的最佳理由。每周 3~4 次，每次走半小时到一小时；三个月后，我才开始跑，从跑 3 分钟到 5 分钟，从一公里到两公里。因为完全没有压力，也就从来没有想过要跑得更快更远。

当时，我完全不知道杰夫·盖洛威（Jeff Galloway）的“跑走跑”训练法，只是由于跑不动了，才会采用跑走结合的方式。一年后，我每次能轻松跑 5 公里，然后开始参加惠普公司在库比蒂诺举办的 Up and Running 10 公里比赛。随着能力的提升，10 公里、15 公里、20 公里……到 2005 年，我已经有能力参加半程马拉松（以下简称“半马”）比赛了。

花了一年多的时间，我的体重从 81 公斤回到了 73 公斤左右。第三年，在没有改变饮食习惯的前提下，一度困扰我的“三高”逐渐消失。当然，这些变化也会带来各种身体上的问题，能否理解和科学地面对尤其重要，在后面的文章里我会就此分享。

从小窦性心律不齐的我和所有孩子一样，对运动或者说对玩，总有着无尽的追求。小学踢足球，初中开始玩篮球，高中在校篮球队打过三年的得分后卫，之后又有 6 年高尔夫的业余训练。得益于这些运动打造的基础，在跑步这件事上，我一路上独自探索，好像无师自通。

不过话说回来，似乎谁都能对跑步无师自通，因为奔跑是一种本能。从撒腿就能跑，到身体、心灵感受到各种变化……跑步也着实神奇。当初的我不知道跑步到底能给自己带来哪些好处，只是模糊知道在控制体重、改善身体的同时，跑步还能让我重新掌控人生。

若要再展开，我至少可以总结出以下几点让我们跑起来的理由：

- 对抗年龄和衰老，尤其是 40 岁后，出于对时光流逝的不忿，想要找回青春时的力量和速度；
- 减轻精神压力，需要一个缓解和释放情绪的方法；
- 纯粹的从众心理，身边的朋友同事都在跑，不跑太掉价；
- 重获认可和成就感。

除此之外，当然还有其他理由，如跑步使脑垂体产生的多巴胺和内啡肽的魔力……甚至是治疗便秘，更多的请看我后面写的跑步的十大理由。

从心理学的角度上说，人做事情需要依靠两种力量：一种是内心的驱动（Drive），一种是外界的刺激（Incentive）。相较于外界刺激，内心的驱动才能使人更长久地坚持一件事。最初，我选择跑步是自然发生的事情，因为身边没有朋友为我点赞，我也不能通过比赛被论功行赏，所以跑步于我可能算是出于内心驱动吧。而当跑步成为习惯后，我变得离不开跑步，第一次真正意识到这一点是在因故中断跑步长达三个月后。

2007 年，我离开惠普加入联想公司。2008 年年底，被“发配”至俄罗斯，负责俄罗斯和独联体区域的市场开拓，内心颇为苦闷。三个多月内，我大部分时间在莫斯科了解市场、拜访经销商、和当地员工磨合，在与北京有 5 小时时差的西方，日子过得飞快。2009 年 3 月，因为出差回到北京，当时正值北京初春，我置身于气温十几度的奥林匹克森林公园（以下简称“奥森”），视野中满是迎春花的颜色。换好跑鞋后，我默默跟自己说：“久违了，我又回来了。”

还记得 2008 年北京奥运会之后，奥森逐渐对外开放。那时的奥森还没有标记好的 5 公里、10 公里跑道，更不见漆红色的塑胶颗粒步道。当时，在奥森跑步的人极少，偶尔碰上一个，双方都会有些兴奋，先仔细打量一下对方的身材，然后看看步伐、步频、重心，彼此擦肩而过之际一定会挥手示意。毕竟，在这里遇到同道中人实在是太难得了，更常见的情况是，一圈下来，碰到的狗比跑步的人多。

重新站上奥森的跑道，我心里清楚这次不会太轻松。跑步和很多运动项目一样，不管之前有多少基础、经历了多少训练，重新捡起时，一切都要从零开始。果然，一公里、两公里……身体的各个零件逐个开始抗议，如同还债一般。口中又有了久违的腥咸味，怎么连视线都开始模糊了？还好，只是汗水湿润了眼眶。要不，真的要放弃了。

无边无尽的10公里后，整个人筋疲力尽，疼痛一波波袭来。我心中满是懊恼，真不应该放下跑步这么久呀。还好，在终点花了点儿时间喝喝水、歇一歇后，好像没那么难受了，甚至有些放松起来，一定是内啡肽在工作了，好像经受的所有痛苦只是为了这短暂的美丽一刻。此时此刻，人是累的，精神却很愉悦。如果利用这段时间思考问题，往往会有出人意料的结果。

现在，我的脑海还会闪回到10多年前，与好友路易（Louie）在美国每周跑步的场景。从洛斯加托斯小镇的跨17号公路桥开始，一路向上，半小时到达山顶；然后一路巡航下山，回到起点。一小时的跑步训练结束后，每人一瓶佳得乐，坐在路边，任汗水哗哗流淌，滴落在发亮的柏油路面上，数到200滴后，就不再理会。佳得乐喝完了，汗水的印记也在阳光下蒸发掉了，而各种酸痛和烦恼也随之消失，世界真美妙！

我想，我真的回来了。

冯唐说，去风里跑跑，风会抱你。这种美妙的滋味，不会再错过。

落笔于此，也请允许我来提问一句："你们为什么不跑步？"

## 黑猫镇往事

今天是2015年10月18日，我到加利福尼亚的DMV（交管局）换新驾照。手中驾照上的照片是15年前的自己——15年前黝黑的、多了8公斤肉的自己。初到美国时，我痴迷于加利福尼亚的红酒、意大利面条和得克萨斯烤肉，结果是英文和体重齐头并进，很快成了一个81公斤的“壮男”。买新衣的“喜悦”一天天被镜子里的自己消磨得无影无踪。

搬到洛斯加托斯小镇后，我发现了17号高速公路沿线的山中跑道——圣约翰斯小径（St. Jones），它就在洛斯加托斯小镇的群山中。

洛斯加托斯在西班牙语中是“黑猫”的意思，好在当初不懂西班牙语，要不一开始我肯定会选择住在“迪安萨”（De Anza，意为“印第安勇士”）这种听上去高大上的地方了。我在黑猫镇的山路上跑了近5年，见过鹿、响尾蛇、刺猬、獾，唯独没见过黑猫。

我的跑步生涯从走开始。在体育用品商店买了一双北面（North Face）的全路面跑鞋后，我就一周4次走在了圣约翰斯小径上。起初，一个小时的徒步很轻松，但很快，从身后“飞”过的男男女女就给了我很大压力。

“On your left（从你左侧过啦）！”待我向右

移步到道边，仿佛长达半个世纪后，一位满头银发的老妪才从我身边迤逦而过！抱着“士可杀不可辱”的信念，几个月后，我跑了起来。

一开始，跑了几分钟，我就满脸通红、气喘如狗，再多跑几步就喉咙发咸，感觉就要像周星驰电影《唐伯虎点秋香》里的军师一样，口喷鲜血，血溅黑猫镇了。但很快，跑的时间就变成 20 分钟、30 分钟、40 分钟……但一周中总有一两次，跑了 30 分钟后，就感觉恶心，要到道旁把中午刚刚大快朵颐的一整份肉丸三明治吐给野草。不算呕吐后的种种口干舌燥、涕泗横流，单是路过的跑者善意的关注就让我追悔莫及，“我很好，我真没怀孕”“千万别叫救护车”。

所以，跑者大多会节制饮食，这是真的。此外，跑者也会注意在训练前两小时减少食量，以免影响训练质量。当我能跑一小时时，腰围也从 86 厘米下降到 81 厘米，这回又能买新衣服了。一年后，我的体重回到 76 公斤，虽然比现在还多 4 公斤，但也令我很满意了。随着跑步、饮用葡萄酒和略微减少肉类的摄取量，之前的“三高”也渐渐消失。

You are what you eat。饮食决定身材不假，跑步重塑身材是真。

**2015 年，于美国加利福尼亚**

# WE ARE READY!

如果不是因为跑步，
城市里这一幢幢钢筋铁泥对我毫无意义。
对一座城市最好的回忆是，
跑过泥泞，
见过晨曦，
听过落叶，
踏过炙热。

# 02

## 撒开腿就可以跑吗

### 如何开始跑步

你是谁？你从哪里来？你要到哪里去？

这是人们在哲学层面思索千年的终极命题，是公司保安对来访者的例常询问，也是跑者跑步之初需要面对的入门级考量。

如何开始跑步？第一步，认识自己。

## 认识你自己

曾经看到过一则报道，一个30岁左右的年轻人在路上被偷了钱包，发现后拔腿就追，可跑出去还没200米就一头栽倒在地。

为什么会这样？原因非常简单，缺乏运动的人一旦快速发力，腿部肌肉短时间内要消耗大量氧，但是心肌又跟不上，无法让心脏在短时间之内调整到最大心率输出血液，于是造成大脑缺氧，从而发生意外。很多时候，不常运动的人跑完学校要求的或者公司组织的400米跑之后，会觉得头晕、恶心、两眼发黑，都是因为上述原因。

所以在拔腿就跑之前，想一想：自己是“有资格”追小偷的人吗？而要想对自己的身体状况有个基本了解，不如从预约医院进行体检开始。关于体检，有几个需要特别注意的方面。

## 小心，别让心率爆表

在心电图上，能看到一个特别关键的数据，我们叫它“静息心率”“基础心率”或“晨脉”，即早晨醒来后，在运动之前，心脏每分钟跳动的次数。静息心率的多少跟之后选择什么样的运动方式，包括适不适合跑步、用怎样的方式跑步，都有特别大的关系。

有一部分人，尤其很多女性跑者，静息心率会超过 80 次 / 分钟。这类人通常在从事跑步运动时会非常辛苦，建议合理规划适合自身的训练计划，可以从让自己比较舒服的心率区域开始。对于这种跑者，我建议他们拥有的第一个跑步装备是心率表，也就是具有记录心率功能的运动腕表，推荐的品牌包括佳明、Fitbit、颂拓等。

与静息心率相对的概念是“最大心率”，表示心脏能够承受的最大安全心率。

最大心率有一个特别粗放的计算方式：用 210 减去年龄。换句话说，一位 30 岁的跑者，他的最大心率就是 210 减去 30 的结果 180，即大约 180 次 / 分钟。这种算法不分性别、不看锻炼的历史和身体的能力，所以是一种粗放的算法。很多资深跑者在冲刺跑时的最大心率可以达到 190 次 / 分钟。

对最大心率的了解有助于你掌握训练强度。平常训练时，一般的强度要求是在最大心率的 60% ~ 70%。之前提到的这位 30 岁跑者，如果用他的最大心率 180 次 / 分钟为准，跑步时，如果他每分钟心跳在 108 ~ 126 次左右，这将是他比较舒服的训练区域；一般在进行 LSD（Long Slow Distance 的简称，即长距离慢跑）训练时，建议心率保持在最大心率的 80%，即 144 次 / 分钟以内；如果在接近 90% 的 162 次 / 分钟的心率下运动，对心脏造成的负荷已经比较重了。

由于最大心率的设定比较粗放，有时也可以按照习惯和经验来设定运动心率，或者挑战一下自己，在加速跑时达到最大心率。当达到最大心率时，需要注意，持续时间不能太长，以免发生意外。

至于资深跑者，因为有长期的跑步训练，所以静息心率会比较低。影响静息心率的因素很多，如酒精摄入量、海拔高低、休息好坏、精神紧张程度等。就我而言，一般静息心率在 52~58 次 / 分钟，很少超过 60 次 / 分钟，不过“心动过缓”和资深跑者的静息心率低是两回事。我有一次去甘肃张掖，那里是海拔 1 400 米的高原，我的静息心率升至 68 次 / 分钟左右。10 多年前一周跑 5 次的时候，我的心率则一度降至 46 次 / 分钟，更多长跑运动员的心率都是在 40 次 / 分钟以下。

与张朝阳一起陪陈盆滨完成“挑战 100”的浙江段。

专业马拉松运动员陈盆滨从 2015 年 4 月起，开始用 100 天 100 个马拉松迎接 2016 年的里约奥运会和 2022 年的北京 – 张家口冬季奥运会。一个多月后，在浙江嘉兴，我和竞争对手、搜狐创始人张朝阳一起成为陈盆滨的陪跑嘉宾，这个马拉松也是张朝阳的个人首马。

5 月下旬的南方气候炎热，我们用 4 小时 46 分完成了 42.195 公里的路程。我的全程心率都在 150~165，“陈疯子”（我们对陈盆滨充满敬畏的称呼）的心率估计在 120 以内。而他用 3 小时 40 分完成全马时，平均心率能保持在 130 上下，着实令人叹服。

有幸成为“Yes 体育俱乐部”申冬奥活动的一分子，将下一棒交给发起人、羽毛球世界冠军叶钊颖。

陈盆滨作为资深跑者，有着丰富的变速跑训练经验，因而可以做到在静息心率很低的情况下快速把心跳调整到一个很高的节奏，其心肌很有力量，可以在短时间内进行快速收缩工作，提供肌肉运动时所需的养分。这是一个经过长期训练，把静息心率和运动心率维持得非常好的典范。

在国外，“心率训练法”很常见。尤其在学校里，老师会通过了解学生的静息心率和最大心率，去判断学生参与体育运动时所付出的努力。比如说一个静息心率很高的人，他在 6 分钟完成 1 公里的配速之下，心率可能已经达到 190 次 / 分钟，非常痛苦；而心脏强大的人，同样的配速，心率只在 120~130 次 / 分钟，两者所付出的努力是完全不同的。

我的一位好友 35 岁，静息心率在 85 次 / 分钟左右。每次一起跑步时，我总能听到他诉说自己的苦恼。别人 30 分钟能够跑完 5 公里，他却需要 45 分钟，他说：“每次都是最后一个，太没面子了！”更让他不解的是，跑步的过程中他没有半点松懈，甚至感觉心脏都要从嗓子里蹦出来了，为什么还是跑不快呢？

其实，这正是他静息心率高的缘故。如果让他跟着其他人，用 30 分钟完成 5 公里，那么他的心率就会接近 190 次 / 分钟，对于静息心率 85 次 / 分钟的他来说，无疑是超出极限了，感到难受也就在所难免。

所以静息心率高的跑者一定要注意：千万不要盲目地跟别人比拼速度！你们应该看重的是，在心脏负荷相同的情况下，如何跑得更远、跑得更长。因为**跑步不是跟别人竞争的运动，跑步的目的也不是比谁跑得快，而是让自己变得更健康，心肺功能更强，生活质量更好。**

此外，我也建议每个跑者都去做心电图平板运动试验和心脏彩超两项检查（因机构不同而价格不同，通常在 100 ~ 400 元）。这两个都是专门针对心脏运动功能的检测，通过我们在运动过程中的心率变化来监测运动的效能，从而使我们采取更加循序渐进的训练方法。不要觉得麻烦，既然准备开始跑步，就必须有针对性地对身体状况有个基本了解，这也是对自己和家人、朋友负责任的态度。

## 怎么能跑得漂亮

很多人觉得跑步是腿部肌肉的运动。在跑步过程中，腿部肌肉当然要参与，然而决定跑步速度和耐力的却是核心肌群。

核心肌群指腹部前后包围着脊柱、负责保护和稳定脊椎的肌肉组织，主要包括腹直肌、腹斜肌、下背肌、竖脊肌和骨盆底肌肉群。核心肌群的锻炼几乎是所有田径项目的重点。核心肌群非常发达的跑者对跑步姿势、重心、步伐节奏的控制都很好，我们通常会将这叫作“跑得漂亮”。

身体稳定、步伐轻松、节奏明显的跑者跑起来会让人觉得赏心悦目，这都是核心肌群的功劳。有些跑者跑起来左右摆动得厉害，还会驼背、前后重心不稳，这也跟核心肌群能力的缺失有关。

核心肌群的训练办法很多，在任何健身房，教练都会给你提供核心肌群的锻炼课程。徒手训练的动作有俯卧撑、两头起等，借助器械的训练包括自由深蹲、硬拉、仰卧起坐等，它们都可以帮你增强核心肌群的力量和能力。

# 认识跑步运动

## 在路上，姿势很重要

当你想跑步时，撒开腿就可以跑吗？No！No！No！重要的事情说三遍。跑步是一项极具技术含量的运动，需要我们抱有敬畏之心，不要以为跑步等于迈开腿。

跑步姿势千百种，没有哪一种是适用于所有人的。因为每个人都有不同的身体特征、肌肉能力、走路习惯……所以跑步的姿势各有不同，但一些基本的技术是可以跟大家分享的。

说到跑步姿势，我们可以先从走路的姿势入手。走路姿势中最常见到的问题，如八字脚，同样会影响到跑步姿势。跑步过程中，双脚应该前后交替迈进，双脚的内侧在一条直线上，这样符合人体的结构特征，既省力又能降低受伤的风险。如果跑步时足内外翻，有时会导致膝关节的韧带疼痛，这种疼痛在走路时不明显或者不被感知，但一旦跑起来，膝关节承受的压力是走路时的 7 倍，跑者很快就能感受到不良姿势带来的问题。

如果你不清楚自己是否有内外翻，可以拿起跑鞋看一看鞋底。大部分跑者跑步时脚后跟先着地，因此后跟磨损多，你可以看看后跟的哪一侧磨损更严重。如果跑鞋后跟的内侧磨损严重，说明你着地时脚的内侧被过度使用，应是足内翻；如果是外侧磨损比较严重，就是足外翻。习惯前脚掌着地的跑者判断自己是否内外翻的方法也是类似的。

请记住这个感觉：**原地站立，上身向前倾至不得不迈步，否则就要失去重心、向前摔倒时，开始迈步向前。这个姿势，就是跑步时的最佳姿势**，此时你会觉得有人在推着你的后腰前行。

我也是在三年前经过点拨之后，才开始关注跑步姿势，此后得以在走路或在跑步机上跑步时努力纠正自己的跑姿。跑步过程中，给身体带来冲击最大的是脚后跟先着地的姿势，经常在跑步机上训练的人几乎都是这种跑姿。

其实，真正从生理结构上讲，最适合跑者的是前脚掌先着地的跑步姿势。这种跑姿是前脚掌率先着地时，足弓发力，起到缓冲作用，然后脚后跟再着地。然而，由于足弓力量不够，我无法改用前脚掌着地的跑姿，厉害如马拉松世界冠军孙英杰也做不到，它……就像是跑步姿势的“理想国”。

而且，过去的姿势维持了二三十年，现在突然要彻底改变，这个过程会非常困难和痛苦，还会让你丧失很多跑步的乐趣，也浪费了太多更应该花在调整其他方面的精力。所以我的推荐是，尽量避免纯粹的脚后跟着地，改为脚底着地，这是可以做得到的。

有的健身房跑步机面对着镜子，这样你在跑步时就更容易发现问题并调整姿势了。你可以把跑步机的配速调低，用慢跑的方式体会动作、纠正动作。当形成正确的跑姿后，再慢慢调整跑步机的配速到平时的水平，进一步巩固胜利成果。这种改变不建议在户外做，户外跑步的时候要照顾的事情太多，你很难专心于姿势的调整。

如果过去的跑步姿势是脚后跟着地，那么你需要特别注意几点：第一，要注意重心的调整；第二，一定要选择一双好的跑鞋，我会在后面的装备篇里讲到如何选择跑鞋。

## 伤痛，跑者的私藏奖章

活着，总会受伤。这好像是不可避免的。

跑步是一种相对不激烈的运动，有些跑者就是在相对激烈的运动中受伤好转后投入到跑步训练中的。开始跑步之前，除了要掌握跑步技术，“认识自己”的命题里还包含了解身体已有的伤病：这些旧伤在什么位置？它有多严重，何时会发作？它会因跑步而加重吗？

旧伤中对跑者影响最大的是膝关节与踝关节的损伤，对跑者而言，也是这两个关节最容易受到损伤。很多有经验的跑者都明白，受伤往往是在肌肉力量耗尽的时候发生的。

全程马拉松比赛中，刚开始跑时，跑者的肌肉力量很好，可以轻松控制跑步的姿势——身体正直、重心前倾、节奏感明显，每一步轻盈若“踏雪无痕”；但跑到最后几公里时，跑者会因为疲劳慢慢失去对肌肉的控制，身体的重量和腾空的冲击都将作用在膝关节和踝关节上，整个人举步维艰。因为跑姿发生变化，核心肌群不再能控制身体，此时也很容易出现腰部和髋关节的损伤。

肌肉力量对关节保护起到非常重要的作用，很多伤病的产生都是因为在长时间的剧烈活动之后，肌肉力量匮乏而造成的。所以在跑步之前，你真的要考虑增加肌肉力量的训练，通过改善肌肉力量，避免旧伤复发。

至于初跑者，由于体重大、肌肉力量不足或者训练过度，经常会碰到踝关节、膝关节甚至髋关节周边疼痛的问题。

遇到这种状况时，你首先要明确疼痛的到底是关节还是关节周边的肌肉。由于肌肉力量不足，在 5 公里或 10 公里训练的过程中，很多跑者都会出现关节附近肌肉疼痛的现象。此时可以通过休息 2~3 天或者减少训练量的方法来改善，也可以进健身房，在教练的指导下做局部肌肉力量训练。

有一种常见的膝关节问题是膝关节积水，学名叫“滑膜炎”，成因是大量运动使滑膜受到刺激，导致关节滑液分泌失调而形成积液。积液导致炎症，从而影响关节运动，造成关节肿胀，走路会咯吱咯吱作响。膝关节积水会令你举步维艰，平地还能应付，上下楼就惨了。

造成膝关节积水的原因很多，如跑步姿势不正确、跑鞋的减震不足、跑量过大、休息不足等。在初跑者中，体重较大且训练努力的人最有可能体验这种“专业级”的痛楚；或者在跑量增加，达到一周 60 ~ 100 公里时，有些跑者也会遇到膝关节积水的问题。

几年前我备战全程马拉松时，曾经一周跑 5 次，周跑量超过 70 公里，当时就出现过膝关节积水的情况。对业余跑者来说，遇到这种情况，休息一星期或降低跑量就可以了，当关节组织吸收掉积液，就又可以健步如飞了。对专业运动员来讲，膝关节积水是很常见的，可以通过打封闭来治疗。打封闭是将麻药和激素直接注射到关节疼痛的部位，进行消炎和止痛，使之不影响训练和比赛。

不过，如果确定疼痛来源是关节，你就要非常小心。膝关节的磨损大多不可逆，但更加致命的问题在髋关节。连接股骨头和髋臼的髋关节受损后很难恢复，这对跑步的影响是致命的。请及时就医，寻求专业帮助。

很多朋友问我，跑步伤不伤膝盖？我自己跑步 16 年，在膝盖上只出现过短暂的膝关节积水问题。但总体而言，只要跑步姿势正确、技术应用得当、训练循序渐进，同时给身体休息和恢复的时间，你可以跑一辈子。

## 如何踏雪无痕

大部分跑者采用的是脚后跟着地的跑步技术，而很多优秀运动员

**的跑姿则是前脚掌着地。**前脚掌着地要求跑者足弓的力量足够强，同时跟腱和小腿肌肉也要相当发达。

其实，有不少跑者小时候反而用的是前脚掌着地的跑步技术。记得小学时，班上好几个同学走路是颠着走，只要快走，他们都是前脚掌着地、脚后跟悬空的，走路的样子不好看，但一旦跑起来，就与众不同。这几位的短跑成绩都很好。随着年龄，更重要的是体重的增长，他们慢慢回到脚后跟着地的走路姿势。有时同学聚会我还会专门观察他们，遗憾的是，能使用前脚掌着地跑步技术的老同学已经没有了。

对普通跑者而言，脚后跟着地的技术最容易掌握，但脚后跟着地对关节的冲击较大。**更加安全的姿势是采用脚底着地的方法。**脚底着地就是用脚底中段作为主着地点，而不是全靠脚后跟着地。这种技术要求跑者对重心把握准确，上身稍微前倾，重心前置，给脚底着地提供落地时间上的可能。

大部分跑者没有能力使用前脚掌着地的技术，我自己也不行。但是，经过一段时间的训练，掌握脚底着地技术是可以实现的。同时提一句，脚底着地的技术对跟腱产生的压力更大，跑前的热身，对跟腱的活动、拉伸非常重要。我本人就有过在改变跑步技术的初期，由于天冷和预热不够而伤到跟腱的痛苦遭遇。

大A随笔

## 阿基里斯之踵

一转眼，停下奔跑已经一个月了。自诩训练、比赛谨慎的我终于在跑步 15 年后，遭遇了“阿基里斯之踵”( Achilles' Heel)。

事情发生在 11 月 8 日，北京鸟巢半程马拉松，21 联盟的当家赛事。比赛日早晨，北京的气温是 3.5 度，到了 10 点也只有 6 度。我的低温参赛经验是从 2012 年的东京马拉松开始的，当时东京的气温是 4 度，集结 1 个小时后开跑，结束时气温已经到了 11 度。而这次，问题就出在集结上。

和很多跟腱问题的产生原因一样，没有充分热身、一开始速度太快和对低温的不适应是造成跟腱疼痛的三项原因。作为鸣枪嘉宾，我当时一直在主席台附近，穿得也暖和，所以就省去了在起跑区哆嗦活动的半小时，但正是这半小时的热身会让你的身体、关节和跟腱充分预热，大大减少伤病发生的概率。2012 年在东京时，在清晨只有 4 度的露天广场上，我必须不断原地抬腿、跳跃、拉伸以保持体温，这些运动都可以让我的关节、韧带和跟腱得到预热，轻松应对鸣枪后的兴奋。

在寒冷的城市比赛中，你需要在起跑前让自己的心跳超过 100 次 / 分钟，让你强有力的心脏加倍工作，输送血液到全身的肌肉，以避免各种因寒冷而造成的运动损伤。同时，压缩袜和压缩裤也能帮助你的血液循环和回流，但这些都是锦上添花的功效。不过在气温较高的环境中，你不必这么早就让自己兴奋，枪没响，心跳就过百，这只是在白白消耗体力和情绪。

如果没有充分的预热，但开始速度较慢，那么我还是能够让身体、关节、肌肉和跟腱逐步热起来，从而逃过一劫。可我大意了！从今年 4 月份开始，我就保持了每月 200 公里的跑量，还在 9 月 12 日的哈尔滨半程马拉松比赛中创下了今年半程的 PB：1 小时 46 分 32 秒。潜意识里，我觉得有这样半年的训练，天道酬勤，这次就算爬也能爬出个 PB 吧。我的如意算盘是，前 10 公里用 5 分 15 秒一公里的配速，花 52 分半完成；后 10 公里将配速提高到 4 分 55 秒一公里，这样轻轻松松就能在 1 小时 46 分内完赛。其实，多少次了，都是这些小激动、小目标、小情绪，搞坏了一程、一期、一会。于是，在冰冷的路面上，我用僵硬的身体和 5 分 10 秒一公里的配速，50 分 46 秒就完成了第一个 10 公里。

赛后看 Fitbit 的记录，我的平均配速在 5 分 11 秒一公里。但就是这前 10 公里赶出来的 1 分 15 秒和一大堆小期待，在冰冷的奥森周边路面上，给了我沉痛的教训。在 17～19 公里，我的配速已经掉到 5 分 40 秒一公里以上，但由于当时身体信号太多：风带走汗液和热量造成的寒意、小腿肌肉的疲惫、一肚子冷气造成的胃部不适……我没有注意到跟腱的抗议。

在寒冷的环境中跑步时，肌肉的运动、排汗、体温的保持都和在温暖环境中不同。气温只有 3 度的北京，连柏油路都是硬的。而在零下的气温中跑步，所面临的挑战和困难比高温还大。每次想起跑圈大神陈盆滨的南极马拉松，都能让我打一个冷战，从头凉到脚。

比赛次日，真正的痛感来袭。走路时还好，但上下楼需要用到跟腱时，立即感到了跟腱的存在。而第三天的排酸跑更是让我第一次体会了跟腱的刺痛感，当我坚持跑了 5 公里，跟腱的刺痛感更强了，只能停步。两天后再试着跑，1 公里后就开始产生刺痛感。我只得放弃，默默往回走，期待休息几天后能自己恢复。

两周后的舟山，气温 16 度，相对湿度 65%，无风，就像一个跑步天堂。我到达时，正是舟山半程马拉松开赛的前一天。我在细雨中尝试慢跑，6 分 30 秒一公里的配速，前三公里没有问题，于是心中大喜，把配速提升到 5 分，几乎是同时，刺痛感来袭。走回酒店的路因为苦闷的心情和各种绝望的想象而显得异常漫长和阴暗。一大堆的如果压得我喘不过气来，有着 15 年跑龄的我第一次因为跟腱而恐惧跑步生涯的结束。舟山半程马拉松是新浪直播的赛事，也是我第一次参与的自己不能跑的半程马拉松。

经同事 Angela 介绍，鸟巢半马后的第三周，我找到展览路私人诊所的李大夫。李大夫以前是八一篮球队的队医，主理按摩和恢复。见面一聊，才知道央视的 NBA 解说于嘉老师也是这里的常客，我的心顿时放了一大半。我认识于嘉时，他还是个比现在重 20 公斤的菜鸟级跑者，但现在的他已经是一个身材精瘦、成绩斐然的马拉松推动者了。我一直惊诧于嘉老师进步的神速，也不时猜想他所经历的严格训练和可能的伤痛。

我对每月跑量超过 200 公里的跑友都饱含敬畏之情。好多资深跑友都鼓励我，认为以我的身体条件，全马跑进 4 小时毫无悬念。但我从来不给自己进 4 的压力，因为我深知，这个看似简单的目标需要我在跑量和训练方法上有所突破，需要更多的训练时间和身体准备。一旦开始尝试，我长期以来构建的训练、工作、比赛和生活之间的平衡将被打破。如果一周有 50 公里的跑量，加上准备、训练、拉伸、洗浴，那么一周就要有近 8 小时花在跑步上。如果到奥森有交通成本，那么就需要 12 小时了。所以，跑者大多没有其他的训练项目，因为没有时间。所有的承诺都需要付出来保障。

在治疗过程中，针灸加电疗的体验很奇妙。由于跟腱部位肌肉和血管都很少，所以恢复起来尤为困难。针灸会有些许痛感，不过后续的电疗上来后，马上就被持续电击的酸胀感替代了。每次治疗基本都是大约 30 分钟的针灸加电疗，然后是按摩。两次针灸和电疗之后，在李大夫的建议下，我开始进行一周三次，每次 1 ～ 3 公里的恢复性训练。同时，在每周两次的核心肌群训练中增加锻炼小腿力量的动作。深蹲、蹲举、拉伸，这些动作都是针对小腿肌肉的。每次在跑步机上的训练结束时，我会关机、俯身、登动传送带 100 秒，从而让小腿充分发力。在每次慢跑时，我都能清晰地体会到跟腱的存在感和参与感。

治疗两周后，我跑了一个 5 公里。跟腱的参与感从两公里后升格为存在感，我略感沉重，无论是步伐还是心情。一个多月后，在早晨 6 度的阳光里，我开始 10 公里的恢复跑。右脚跟腱在两公里后就宣誓了存在感，但 6 分 30 秒一公里的配速实在是没给跟腱抗议的理由，5 公里、8 公里、9 公里……世界真美好。

跑步是一种非常奢侈的能力，是上帝给每个人的礼物。一次疏忽，要付出很多才能扳平，跑步、工作、情感和生活都一样。而人生，就此精彩。

**2015 年 12 月，于北京**

# I DID IT, AND I WILL BE BACK ON THIS MARK.

昨日训练后的各种酸楚，
随着我的一举一动、
一呼一吸，
快要将我淹没。
然而，浮出痛的水面之后，
有灿烂。

# 03

# 跑步是孤独的旅行

## 训练计划

不远处的鞋柜上，还算整齐地摆放着五六双跑鞋。如果够胆再凑近些，就一定不会错过飘来的丝丝酸楚，它们已经陪伴我一起走过、跑过、见识过或长或短的沿路风景。

已经忘记是哪部影视作品里的经典台词了，大意是“每个人都应该有一双好鞋，因为它可以带你去到最美好的地方”。爱上跑步之后，相信很多同道中人会跟我一样，收拾行囊时首先放进箱子的肯定是跑鞋。

## 装备计划

每次去奥森都能看到各种各样的鞋，有篮球鞋、网球鞋，甚至还有皮鞋！如何选择一双合适的跑鞋是所有想跑步的人都要面对的必修课。

千里之行始于足下。跑鞋的品牌很多，对专业跑者而言，鞋的重量、包裹性、支撑性都是重要的考量标准，对业余跑者和初跑者而言，减震是第一个要考虑的因素。无论你的跑姿如何，脚在落下、接触地面的时候都会对脚部和腿部关节、脊椎、颈椎产生冲击，尤其是采取脚后跟着地跑姿的大部分跑者，选择的跑鞋应具备减震功能，以减少对身体各个关节和关键脏器的冲击。

减震的技术和材料多种多样，有些跑鞋从结构减震出发，如 Mizuno（美津浓）的 wave 系列、NIKE 的 air 系列；大多数品牌则是选择材料减震的方式，代表品牌有 ASICS（亚瑟士）、Saucony（索康尼）、Brooks（布鲁克斯）等；还有些跑鞋采用结构与材料结合的综合减震方式。

鞋底一般都由三层不同的材质组成。我曾在 2012 年探访位于神户的 ASICS 实验室，他们对材料的科学研究世界一流。他们用减震材料包裹生鸡蛋，让其从一米的高度自由落体，鸡蛋完好无损。至今为止，陪伴我完成半马的运动鞋有 New Balance、Saucony、Mizuno、李宁，而我所有的全马则都使用了 ASICS。ASICS 的 KAYANO 系列是超级减震跑鞋的代表，适合几乎所有大体重的跑者。

如果是从走开始，那么市面上可选择的跑鞋范围就很广泛了。一般跑者通常会选择在操场的塑胶跑道、因温度变化而软硬度不同的公路或山路上进行路跑。跑道不同，选择的跑鞋也就各异。

挑选跑鞋时，如果条件允许，不妨去品牌的实体店试穿。脚型、足弓力量、是否有内外翻、用于减震还是缓冲、预算、鞋楦、颜色……这些都是为自己挑选最合适跑鞋时需要考虑的因素。至于大小方面，建议穿上后脚后跟与鞋之间还能放入一指为佳。

此外，考虑一双跑鞋的寿命时，如果其跑量已达到 600 公里，那就可以考虑换新鞋了。

我们不妨以一次“任性测评”为例，来感受一下我对一双跑鞋的层层考验。

## 一次“任性测评”

2015 年 7 月，我收到了非凡公司李麒麟先生赠送的新款李宁烈骏跑鞋。真心地说，此前的我从来没穿过也没打算要穿李宁的跑鞋。对于 15 年前以减肥为目的开始跑步的我而言，没有什么比跑鞋更重要的跑步装备了。

15 年间，凡是有点美誉度的跑鞋我几乎都尝试过，我对它们逐个挑选、淘汰，再挑选，再淘汰。我的全马都是在 ASICS 的陪伴下完成的，而过百个半马的装备中又增添了 Mizuno 和 New Balance，日常的核心训练和 10 公里跑有 Saucony，我觉得我应该不需要其他跑鞋了吧。但麒麟说，不是每个跑者都像我这般幸运，能随心所欲地选择最新和最好的跑鞋。

想想也对，从测脚型到接受专家建议，我是少数被惯坏了的跑者吧。而且他也说："你随意，我们没有要求，对你的测评结果也没有期望和限制，因为李宁有信心！"好吧，为了他的自信和执着，我倒要看看这跑鞋的能耐。

如果满分是 5 分的话，首先要为它的外形打上 4 分半。跑鞋的颜色由蓝、绿、银和黑搭配而成，主色的蓝色中有紫色压阵。这是一款初秋到初冬色系的跑鞋，重量超过同款其他顶级跑鞋。鞋面材质扎实，用料考究，尼龙、塑料、橡胶、荧光涂层、缝线，各项都令人满意。意大利扁面形鞋带特色鲜明，让人想起草间弥生的经典作品。后跟的反光条、锁定条都做得一丝不苟，尤其是鞋底减震层的蓝绿黑迷彩很是活跃。

鞋外侧的三道李宁 Logo 形状的 lock 令人印象深刻。在长距离奔跑时，鞋侧面由高强度橡胶制成的 lock 像红军长征时所穿草鞋的绑带一样，可以将鞋固定在脚上。当脚部肌肉因长时间运动力量下降后，lock 起到至关重要的保护作用，抑制脚在鞋内的左右位移。在高速奔跑时，lock 对脚的支撑和保护功能同样重要。

这款李宁跑鞋的后跟采用了削圆的设计，让鞋底显得缺了一块。相较于 ASICS 和 Saucony，在设计上有明显的不同。这种设计让采取脚后跟着地技术的我尤其惊诧。在随后的测试中，这样的设计确实给了我不一样的感受。

鞋底的发泡材料韧度适中，减震层从外观上看至少分为 4 层，从触感上感觉应该是三种不同密度材料的组合。鞋底的弯曲性能和手感明显比 ASICS 和 Saucony 僵硬、不灵活。左右扭动时的手感也很沉重，这显然是和鞋底的材质、发泡工艺水平有关。

鞋底的材质和减震的功能设计是跑鞋最具有技术含量和价值的部分。这款李宁跑鞋采用材料减震方式。鞋底部分，和众多其他跑鞋不同，它采用了非常复杂的前掌设计——横纵集合的多层人字形主体纹路。这样的工艺很复杂，并且会增加成本。此外，它还是迄今面世的首款带智能芯片的跑鞋。但非常遗憾，它的智能功能是通过小米运动 App 实现的，作为骨灰级 IT 男的我并非小米用户，无从评测和评价这款智能跑鞋的智能功能，期待下一代智能跑鞋能支持如咕咚、悦跑圈、Nike+、乐疯跑这类主流 App。

**[ 测评对象 ]**

名称：烈骏

型号：ARHK081（男款）

上市时间：2015 年 7 月 20 日

零售价格：400 元

**[ 测评环境 ]**

条件：2.25 公里环状封闭城市柏油、雨后湿滑路面

气温：25 度；

湿度：90%

配速：5 分 30 秒至 6 分钟一公里

从踏出第一步，这款李宁跑鞋就给了我惊喜。

采用脚后跟着地技术的我对减震的效果和感受有近乎神经质的

挑剔。鞋跟削圆的设计经由鞋底、脚底及其上各路肌肉传回大脑的是柔韧的感受。这款李宁的减震感受比其他顶级跑鞋更为柔韧。注意，不是柔软，而是落脚的软和强力支撑中的韧这两者的组合。很快，我就适应了这种感受。10 公里的测试中，这款鞋表现出稳定且令人满意的减震效果，脚后跟和小腿肌肉感觉轻松、舒适。在减震效果上，我给它打 4 分！

值得一提的是，早晨的中雨使整个测试路面显得湿滑。前掌鞋底的复杂纹路在湿滑和布满细碎沙石的柏油路面上表现良好，让你放心地奔跑在这样条件的路面上。

在 200 米高速测试中，这款鞋的复杂前掌设计更让人感觉惊艳。我以 4 分钟一公里的高速奔跑时，重心从脚后跟到前脚掌快速转移的过程中，前脚掌产生了强有力的抓地感，让我非常清晰地感知到自己对路面的把控。路面的积水、碎石和沙粒都被前脚掌牢牢抓紧、击碎，抛到身后。进入到 3 分钟一公里的冲刺模式后，前脚掌代替脚后跟支撑起身体的重量，鞋底的人字形纹路给了我十足的信心应付脚下的状况。薄厚均匀且韧性十足的前掌鞋底传递给大脑清晰的路面情况，我仿佛赤脚跑在沙滩上，5 根脚趾深深地抓入细沙，重心越过脚掌的瞬间，脚趾绷直，向身后踢出一股沙流，这感觉超赞。

我还特意跑过几处积水一厘米左右的路面，跑鞋的防水边缘设计合理，没有出现进水的问题。侧溅不大，但由于削圆的后跟，会带起明显的水滴，溅到小腿后侧。

尽管还有诸如“20 公里以上长距离城市路面”“10 公里以上高

温路面”“下雨、低温、下雪等复杂气象条件”等科目有待完成，但我已经可以给这款李宁跑鞋比较中肯的评价了：

1. 跑鞋的重量对入门级跑者影响不大，但对全马 3 小时 30 分左右的经验跑者会显得厚重；
2. 前脚掌侧边比较锋利，在发生意外情况时，容易出现鞋底磕碰内侧踝关节，从而造成擦伤的情况；
3. 整体面料结实，增加了寿命，但影响散热和重量；
4. 减震的设计和能力对严重超重的跑者显得力不从心，体重超过正常范围 30% 的毅力型初跑者，请考虑 ASICS 的 KAYANO 系列。但若针对体重超出正常范围 15% 以内，每周跑量在 30 公里、配速 5 分 30 秒到 7 分钟一公里的初级跑者，这款跑鞋可以赢得满堂彩。

---

至于运动衣和压缩衣的选择，我在其他章节会详述，这里先说说防雨和防雪的运动外套。不同的跑步环境对装备组合要求也不同，如表 3-1 所示。

防雨的运动外套分为两种，一种是 Water Resistant，一般性防水；另一种是 Waterproof，完全防水。如果是小雨的天气，一件 Water Resistant 的防雨外套就足够了，轻盈、修身的防雨外套让你在小雨中也同样潇洒。

不过，面对中雨和大雨的天气，就需要防水外套了。防水外套通常不透气，雨水自然也无法浸透。防雨和防水的运动外套有很多，Salomon（萨洛蒙）、ASICS、Aldo 等品牌都有相应的产品。而应对北方的雪季，就需要更高级的装备了。

在冬季运动，尤其是在零度以下的环境中，防水外套就无法胜任了。由于不透气，加上低温，跑者身体排出的汗液会积聚在防水衣的内侧，零下几度的冷风一吹，就结冰了。表面上一切如常的外衣，内侧却是冰块。我就经历过在零下 10 度的冬天里，一个 10 公里下来，脱下的防水外衣内侧冰凌四溅的壮观场面，如果是 30 公里的 LSD，恐怕不光是苦不堪言，还可能造成局部冻伤。

所以在低温环境下，你需要 Gore-Tex（戈尔特斯面料）的王牌产品，戈尔公司（Gore）的面料叫 PTFE（聚四氟乙烯）膜，这种多孔的薄膜压合在尼龙材料里，在气密性和水密性得以强化的同时，还具有独特的透气功能。它能排汗保干，是北方跑友低温环境下的冬练必备！

**表 3-1　　400 ～ 3 000 元的装备组合**

| 装备 | 基本组合 | 加强组合 | 特殊组合 |
|---|---|---|---|
| 跑鞋 | √ | √ | √ |
| 运动袜子 | √ | √ | √ |
| 运动短袖 | √ | √ | √ |
| 运动短裤 | √ | √ | √ |

续前表

| 装备 | 基本组合 | 加强组合 | 特殊组合 |
|---|---|---|---|
| 帽子 | | √ | √ |
| 压缩上衣 | | √ | √ |
| 运动眼镜 | | √ | √ |
| 监测心率的运动手表 | | √ | √ |
| 运动水壶 | | √ | √ |
| 运动腰包 | | √ | √ |
| 防雨外衣 | | | √ |
| 防雪外衣 | | | √ |

# 体重计划

## “吃什么变什么”

说到体重，朋友，别不好意思啊，我也是因为减肥才迈出了跑步的第一步。

开始跑步前，你需要制订一个训练计划。你可以有很多计划，例如配速计划、跑量计划、饮食计划，咱们从一个简单的体重计划开始吧。

合理的体重标准按照身高、性别有所不同。我的身高是 1 米 76，所以体重在 65 ~ 73 公斤是标准的。当体重超过正常体重 30% 的时候，你要做的运动就不是跑，而是走，先把体重控制到标准体重的 5%

以内。因为跑起来的时候，身体有一个腾空的动作，**跑步时膝关节受到的冲击是走路时的 7 倍**！如果体重过重，跑步造成的关节磨损将是不可逆的。但如果有人心气很高，上来就要跑的话，那么走跑结合是个好办法。我个人就是先走，走了七八个月才开始跑，当时一小时能走 7.5 公里，这个速度很多女孩子跑起来都未必能达到。所以，这是因人而异的，可以先走，也可以走跑结合。

你还需要添加的是电子体重计，用于早晚各一次查看你的体重。养成每天检查体重的习惯能帮你了解一次训练、一场宿醉和一餐盛宴将会给体重带来怎样的影响。通常每天晚上和早上的体重会有 0.5 公斤左右的差距，这是一夜基础代谢的结果。依据饮食和锻炼习惯的不同，体重也会在一天内不断变化。此外，关注你一年中的最大体重和最轻体重同样重要。如果体重骤减，除非运动量增加的缘故，否则需要引起足够的重视和慎重对待，包括及时就医，找到原因。

把每天的体重变化与跑步里程、进食情况结合，可以让你合理安排训练,同时也更有效地限制胃口,防止暴饮暴食。对于很多跑者而言，运动量和胃口这二者之间的反复拉锯可能会持续好几年的时间。

跑步这么辛苦到底是为了什么？当然是为了能够吃好喝好啦。但是每次尽情享受之后，种种影响都将在随后的训练中如约而至，这不得不让你在下一次大餐前有所顾忌。几次约束之后，总会想放纵一次，让胃口和精神双双得到满足，然后……

训练中的苦痛周而复始，直到你和你的胃口、身体达成协议，彼此和平共处。更精确的做法是，把每天的进食转化成卡路里进行计算，更加细致地管理自己的身体、训练和健康。到达这个境界，你基本就远离了所有让人心情短暂愉悦的糖、高卡路里或各种风味的煎炸美食了。

日常训练中，休息得越少，训练水平越低，体重控制也越困难。熬夜会加大控制体重的难度，每当加班多、精神压力大的时候，体重也很难被控制，因为你需要大量的热量供给大脑。而大脑给出的信号往往会让你成倍地摄入热量，进而在身体各个部位形成脂肪堆积。休息不足还会大大影响训练效果，因为你容易在训练中产生疲惫感和肌肉的无力感，训练的量和质都无法得到保证。

我们来尝试计算一下每天摄入和消耗的卡路里，以了解体重和进食、锻炼之间的关系。当然，这里的卡路里摄入是不考虑身体吸收情况的，对能量和食物中各种营养成分的吸收情况也是因人而异。

以我为例，体重 74 公斤时，每天的基础代谢 1 800 大卡[①]。如果按照 6 分钟一公里左右的配速进行 10 公里训练，我大概会消耗 800 大卡，所以 2 600 大卡是我全天的大致消耗。然后，我们计算一下一天摄入的卡路里：

① 大卡就是千卡。——编者注

早餐包括2个煎蛋（每个120大卡）、一杯全脂牛奶（200毫升，150大卡），大约一共390大卡；午餐包括一份炸鸡汉堡（590大卡）、一份薯条（530大卡）和一听可乐（140大卡），大约一共1 260大卡。早餐加上午餐已经1 650大卡，你的晚餐要控制在950大卡，才能做到一天的热量平衡。一份200克（4两）的菲力牛排大约600大卡，一瓶啤酒250大卡，半瓶红酒大约350大卡，一份芝士蛋糕大约350大卡……如果没有10公里的训练，你的晚餐可以省了。

You are what you eat。吃什么变什么，就是这么来的吧。

下面的两个表给出了一些简单的参考数据：

**表 3-2　　食品含糖量参考表**

| 食品 | 含糖（单位：克） | 形成的脂肪（单位：克） | 消耗所需运动量（单位：公里） |
|---|---|---|---|
| 一罐碳酸饮料 | 66 | 34 | 3.8 |
| 橙汁（500ml） | 48 | 24 | 2.7 |
| 功能饮料 | 25 | 13 | 1.4 |
| 普通可乐（330ml） | 35 | 18 | 2 |
| 瓶装咖啡（300ml） | 21 | 11 | 1.2 |
| 小盒冰淇淋 | 18 | 9 | 1 |
| 一块蛋糕 | 44 | 22 | 2.5 |
| 中杯星冰乐 | 81 | 41 | 4.6 |

注：100克糖可转化为51克脂肪。（以上数据来自网络）

表 3-3　　食品热量参考表

| 食品 | 热量（单位：大卡） | 消耗所需运动量（单位：公里） |
|---|---|---|
| 100 克薯片 | 530 | 8 |
| 600ml 啤酒 | 250 | 4 |
| 1 个炸鸡汉堡 | 590 | 8.5 |
| 1 桶方便面 | 580 | 8.5 |

所以，请务必关注体检报告中的体重是否超标。标准体重的计算是根据大部分人的身高和骨骼肌肉比例得来的，就像我们推荐的跑步训练方法、跑鞋的选择、跑量一样。关节、韧带、肌肉和骨骼所能承受的压力都有限制，正常行走时产生的压力和跑步时不同。我们前面说过跑步是腾空的动作，对关节产生的冲击是行走时的 7 倍。超额 3 公斤体重对一位 78 公斤标准体重的跑者而言，只是超出了标准体重的 4%，但这 3 公斤的体重就会给关节带来 20 多公斤的额外压力。

我们都听说过很多励志故事，某某跑者跑步半年减轻体重 15 公斤、三个月挑战全程马拉松……我们听到的都是这些成功减肥、侥幸安全完成马拉松的幸运儿的故事，我们不知道在这种无知的冒险旅途中，有多少人因此受伤，无法再跑步。要知道跑者能拿出来“炫耀”的，皆是徽章，而藏起来的可都是伤病。

## 能量消耗、排汗与微量元素的补充

我们再来说说跑步的能量消耗。各种运动都会消耗能量，每个人也都有不同的基础代谢指标。基础代谢指的是在相对静止的情况下，人体维持脏器和大脑工作所需要的基本能量。基础代谢因身高、体重、心率等个体差异而不同。

以我为例，身高 1 米 76，体重 74 公斤，静息心率 57 次 / 分钟，基础代谢是 1 800 大卡。这里容易混淆的是能量的计量单位，能量单位一般有卡路里和焦耳两种。由于这两个指标的标值较小，我们一般都是用千卡、大卡和千焦为计量单位。大家一般说的卡路里数据其实都是以千卡或大卡为单位的。基础代谢对严格控制饮食的跑者有重要意义，你可以通过计算每天所摄取的能量、运动产生的消耗和基础代谢，以确保训练能达到减脂和减重的目的。

各种运动的能量消耗不同，运动效率也不同。运动效率指的是在单位时间里运动的能量消耗指标。对正常运动量的普通人而言，拳击的运动效率最高，即在单位时间内消耗的卡路里最多。一小时的拳击训练，70 公斤体重的人会消耗 1 200 ~ 1 500 大卡的能量。其次是游泳，一个小时持续不断的游泳训练大概消耗 1 000 大卡。跑步一小时会消耗 600 ~ 800 大卡，具体消耗取决于不同的体重和配速。如果考虑训练的场地、交通和其他因素，跑步独步天下的状况就不难理解了。

从运动的特点而言，拳击和游泳大部分时间是无氧训练，长跑则是不折不扣的有氧训练，这三种训练都会让心肺功能有很大提升。有氧运动，顾名思义是在氧气供应充足的情况下运动，运动过程中氧气的吸入和消耗达成平衡。一般而言，运动强度不大、持续时间较长且有一定韵律和节奏的运动都是有氧运动，如跑步、骑行、舞蹈等；无氧运动则是运动强度大、持续时间短、运动能量主要来自无氧酵解的运动。有氧运动对减脂有更大的帮助，而无氧运动则更有利于增肌。

对跑者而言，跑步带来的减脂、减重、塑形效果都很赞，但是跑步也会带来肌肉力量不足、抵抗力下降等问题。所以很多跑者在经过一段时间跑步训练之后，都会到健身房去做针对核心肌群的力量训练，包括深蹲、举重、硬拉、引体向上等，用来增肌和增加肌肉能力。大部分健身教练会安排学员先进行一小时的无氧力量训练，然后再做30 ~ 40分钟的有氧慢跑，以达到最好的增肌和减脂的效果。对跑者而言，无氧训练后的有氧就可以免了。有氧和无氧训练的有机结合会让跑者的肌肉在耐力和力量两个维度上达到很好的平衡。

由于在运动初期糖类转化成能量的速度最快，所以人体是通过消耗身体储存的各种糖分来提供能量的。大约30分钟以后，糖类消耗殆尽，就轮到燃烧脂肪来提供能量了，而燃烧脂肪产生的代谢物有二氧化碳（呼吸）、水（排汗）和大量脂肪代谢产生的垃圾和废物。

排汗是一种身体代谢能力的体现，身体代谢产生的很多废物都可以通过汗液被排出体外，在有氧和无氧运动中，排汗很重要。有人天生不爱出汗或者排汗少，除了个别汗腺确实不发达的，大部分人排汗少的原因和运动的强度、时间、效能有关。

我本人排汗很多，一年里大部分时间，一个 20 公里的 LSD 下来，速干衫都可以拧出细流，而一个马拉松的排汗可以达到 1.5 公斤（减重 2.5 公斤）。但如果运动时心率在 120 次 / 分钟以下，我出汗就不多，而出汗的高峰通常是在心率达到 160 次 / 分钟左右时。和陈盆滨跑步时就听他说过，他以 4 小时配速完成马拉松的过程中排汗很少，大量排汗的情况都是出现在 3 小时内完成全马的过程中。

很多跑者在 LSD 训练时只喝水，感觉水可以净化身体。但在排汗的过程中，除了代谢的废物，还有很多人体必需的微量元素，如钾、钙、钠、镁等也随着汗液流失了。微量元素的流失不是普通的水能够补充的，甚至日常的饮食也无法补充。微量元素的缺失需要经历一个过程，一天、一个月甚至一个季度，你都不会有感觉，但长期微量元素缺失会对你的身体和健康产生负面的影响。对任何进行有氧和无氧训练的人而言，微量元素的补充都是一个严肃和重要的话题。

训练中，运动饮料是必需的。运动饮料中的糖分能迅速转化成能量，提供运动所需；其中的盐分对 LSD 训练中的跑者可以起到增加力量、减少抽筋机会的作用；维生素能增加抵抗力；其中的微量元素能延缓微量元素的流失。

但是，对于训练量大、排汗多的跑者，运动饮料也不能完全补充微量元素的流失。

16 年的跑步生涯中，微量元素的缺失曾经给我造成很多困扰。开始跑步 5 年左右，我的体检报告一直显示缺钙，一开始只是少量缺钙，后来变成了骨质疏松。在其他各项指标均为正常的体检报告中，缺钙显得极为“刺眼”，要知道整个夏天我可都在户外太阳底下跑步，早已一身黝黑的我对此很是不解。

直到几年后，偶然从《跑者世界》月刊（*Runner's World*）中读到排汗造成微量元素缺失的内容，我才恍然大悟。对排汗多的跑者来说，所有运动饮料都不能完全弥补微量元素的流失。从骨质疏松到身体免疫力下降，微量元素的缺失对人体有很多影响。缺钙一段时间后，我开始频繁出现皮肤过敏。去医院检查后，过敏名单上竟然出现了鸡蛋、牛肉、海鲜等过去从来不和我作对的美食。

亡羊补牢，为时不晚。我开始每天服用善存和钙片。一年后，骨质疏松和皮肤过敏的症状都得到一定的控制。还有一些跑者因为微量元素的缺失出现了失眠、内分泌失调等诸多问题。写到这里，真希望几年前的自己能早些读到这段文字呀。

## 跑量计划

跑量因人而异，对于初跑者，制订跑量计划要科学且谨慎。

跑步是一个循序渐进的过程，跑得太多容易对身体造成伤害。跑步是一辈子的生活习惯，不能冒进。对于初跑者、10 公里跑者、半马跑者、全马跑者的跑量计划，我有以下建议：

**表 3-4　　跑量计划**

| 跑者资历 | 跑步频率 | 每次跑量 | 每周跑量 |
|---|---|---|---|
| 初跑者 | 一周三次 | 3～5 公里 | 15 公里内 |
| 10 公里跑者 | 一周三次 | 8～10 公里 | 25 公里左右 |
| 半马跑者 | 一周三次 | 10～15 公里 | 30 公里左右 |
| 全马跑者 | 一周三次 | 10～25 公里 | 50 公里 |

对于初跑者，主要目的是形成跑步的习惯和减少跑步过程中的不适感。每周三次的短距离跑步能让初跑者轻松应对。初跑者可以跑到 5 公里就休息，如果还有能力，就走着完成一小时的跑走结合训练。很多跑者心气很高，一次就跑 10 公里，除了能在朋友圈里炫耀一下，其实没什么好处。

我建议初跑者用至少 3 个月的时间进行每周三次 5 公里训练，然后再上一层楼。每周的跑量是为了不断增加肌肉耐力和锻炼跑者心理承受能力而设立的目标。跑者要形成的自律是，每周定下目标，然后完成；订立下个月的目标，然后完成；然后是季度的目标……跑步的纪律和生活中的一样，先有目标，然后达成。

对于全马跑者，跑量目标的达成就更重要了。全马跑者训练是为了维持一个良好的竞技状态，使自己在任何一个周末能够参加并按计划完成一个马拉松。对很多身兼多种责任和社会角色的跑者而言，一周 50 公里的跑量意味着在不考虑交通的情况下，每周投入 8 小时左右的训练时间。如果加上大城市的交通情况，每周投入 12~15 小时进行训练都不足为奇。

好多初跑者对“跑步是孤独的旅行”这一定义表示不解，跑步不都是大家在一起的吗？然而，对每周 50 公里甚至更多里程的跑者而言，跑步训练大多是孤独的，因为你自己就很难在固定的时间、以固定的配速来完成固定的训练计划，更不要说找到合适的跑友一起完成了。

## “百日全马”太疯狂

很多初跑者因为各种原因，不顾自身的条件、能力，盲目追求上量，甚至有人打出“苦战 100 天，拿下马拉松”的疯狂旗帜。

很多 EMBA（高级管理人员工商管理硕士）学员在各种诱惑下，纷纷加入跑者的行列。这些“白骨精”跑者，常年超负荷工作，生活不规律，他们可能先天基础不错，但经过长年累月的消耗，体力早已大不如前。但由于事业有成，对自己要求高，又有毅力，加之被绑架于集体荣誉之上，他们往往会制订激进的训练计划。

短时间上量、参加比赛，诚然有人自此一战成名，身体情况明显改善，但也有人迅速被各种伤痛困扰，甚至丧失了跑步的能力，留下终身遗憾。自古忠言逆耳，但我还是要告诫各位，跑步要循序渐进，积跬步方至千里。

## 大神的跑量

苦口婆心的劝说之后，让我们来看看跑步大神们的跑量吧。

2015 年安踏“挑战 100”的大神陈盆滨历时 100 天，跑程 4 200 多公里，一天一个 42.195 公里，从广州跑到了北京。2016 年“挑战 100”升级，每个周末跑一个 100 公里，邀请跑团加盟陪跑。

一周跑量 100～300 公里的大神不是一般人的榜样，很多长距离跑者都保持一周 200 公里的训练量。著名女子马拉松跑者高桥尚子在 1997—2008 年 10 余年间，作为运动员的训练是一周跑 6 天，每天 70 公里！2012 年，我在东京参加东京马拉松，有幸见到高桥，听她说起当年的训练：她每天早上 5 点开始训练，在三个小时以内完成 40 公里，然后才吃早餐，放松休息；午餐后午睡，然后在下午完成另外的 30 公里放松跑、变速跑等训练科目；晚上 8 点休息。这样的作息、训练时间表维持了 10 余年！

在 2001 年 9 月 30 日的柏林马拉松上，高桥以 2 小时 19 分 46 秒的成绩夺冠，成为马拉松历史上第一个跑进 2 小时 20 分的女子长跑选手。但是，大家不可模仿！

著名长距离跑者白斌自创“白斌 100”系列赛，从深圳办到了酒泉，把 100 公里变成了另一个标准。大家不可模仿！

大A随笔

## 跑步和体重控制

每个人都有天堂一般的年少时光，那时生活无忧、事业无惧，更重要的是，托青春期代谢旺盛的福，怎么吃都不会胖。

20多年前，我还是个60公斤重的青涩少年，跑跳、足球、篮球、网球……凡是能滚起来的，我都喜欢。一顿饭干掉两公斤涮羊肉、6瓶啤酒不在话下。第二天一睁眼，昨晚的碳水化合物、脂肪、纤维都没了踪迹。衣服的尺码六七年不变，省了很多买衣服的时间。

30岁之后，世界变了。在那个当时不以为然、现在惭愧难当的阶段，体重飙升，腰围和胸围齐头并进，不提也罢。最近三年，由于参加全程马拉松，并保持了适当的训练量，体重一直保持在69~73公斤。今年4月份开始，我的周跑量上升到50公里，体重稳定在早晨71公斤的水平。

我一直保持着相当矛盾的饮食习惯。一方面，我15年前开始遵循低碳水化合物的减肥法。这是美国的阿特金斯博士（Dr. Atkins）在20世纪60年代提出并曾经风靡美国的一种控制体重的方法。阿特金斯博士通过长时间的研究发现，碳水化合物本身对人体脂肪形成的贡献不大，但是它却能够提高人体吸收和储存脂肪的效能，是人体吸收脂肪的催化剂。通过减少甚至忌食碳水化合物，能够降低人体吸收脂肪的效率。博士建议大家对肉类、蔬菜和水果的摄取不加抑制，但是要拒绝碳水化合物，米、面一概不吃。

搜狐的张朝阳博士也认同碳水化合物，尤其是面食对健康的消极作用。张博士认为面食中的面筋对很多人的精神健康有一定的负面影响，他自己就坚决不吃面食。张博士是陕西人，他能够戒掉面食，着实不易呀。对我而言，只要能比较自由地享受各种肉食，不吃米、面当然可以接受。所以十几年来，我都对米、面说不，但意大利烩饭、日本寿司和西班牙海鲜饭除外。

在进食方面，我基本不吃早饭，通常一杯卡布奇诺，偶尔加一个牛角面包完事。中午就是千年不变的三明治，而且是小块单份。以前公司的秘书最喜欢我这样的老板，因为从来不用发愁如何准备午饭。这样一天下来，白天神采奕奕，到下午 6 点开始饿得眼冒金星。结果就是，晚餐成了我的“救命稻草”……

几年前在联想工作时，公司曾请过老中医给高管做健康咨询。老中医 70 多岁了，头发和胡子都白了，像极了圣诞老人。老中医问了我的饮食起居和生活习惯后，头摇得像日本料理店门口的招财猫。听到我说不喝热水、不喝茶，每天靠冷冻零度可乐和咖啡活着时，老中医不断叹息，脸上满是对天妒英才的不忿，仿佛坐在他对面的这个家伙已经病入膏肓。

但是老中医看了我的体检报告后，脸上顿时写满了困惑。他反复确认了我的姓名、性别后，沉默了一会儿，对我语重心长了许久；第二年的语重心长明显短了好多；到了第三年，我就没被安排健康咨询了。

但是，全宇宙最厉害的就是这个“但是”，在今年 11 月 8 日的北京鸟巢半程马拉松比赛中，我第一次遭受跟腱伤病的困扰，被迫中止跑步训练。过去一个月，我的体重到了今年的峰值——75 公斤！不仅恢复训练进展缓慢，今天的 18 公里又造成了跟腱周围炎，跟腱肿了起来，医生要求一个月不能跑步。

与联想跑团在鸟巢半程马拉松出发点。

看来，我必须调整我的饮食习惯了。我身高 176 厘米，体重 73 公斤，每日大概消耗近 1 800 大卡的热量。早上和中午的进食大约提供 500 大卡热量，晚餐必须要控制在 1 300 大卡，否则就不可能控制体重了。同时，我还要进行核心肌群的训练，以降低体脂比率。

过去一个月，由于不能完成 50 公里的周跑量，我的体重在第一个周末达到 74 公斤，第二个周末是 75 公斤，第三周居然有一天到了 75.5 公斤，我的体重计能活到今天也算是个奇迹了。随后的时间里，我通过健身加每周 15 公里的跑量，体重回到了 73.5 公斤。今天完成 18 公里后，降到了 73 公斤内。由于今天跟腱周围炎发作，下周体重控制在 73 公斤内将有很大难度。看来，控制饮食是唯一的办法了。

其实，饮食中重要的是饮，如果能控制酒精的摄入，控制饮食就不在话下。可是，我喜欢酒呀，虽然完全不能喝白酒，但对红酒颇有研究。人生苦短，多一杯无妨吧。

每天的上秤是必修课，早晚各一次。我要给自己一个好的状态，一个月后，我会回来的。

**2015 年 12 月，于北京**

# INNER PEACE IS THE DESTINY OF A RUNNER.

零下 6 度的蔚蓝天空和灿烂阳光。
这是我爱的北京。
生命一步一步跑回到身体里。
寒冬的暖阳，清冽的柔风……
自己的快乐，
从踏出第一步开始积蓄。
早安……

# 04

## 一次疏忽，要付出很多才能扳平

初上跑道

跑步时，我拥有整个世界。

我不知将去何方，但我已在路上。

## 选择你身边的跑道

对初跑者而言，除了一起跑步的跑友，对跑道的选择也很重要。理想的跑道应该避开公共交通路段，尽量不要选择机动车道的辅路，因为可能会碰上机动车转弯、占道等情况。好的选择包括公园、河岸，甚至是小区内较长的步道。

如果是北京的跑友，那么就有不少选择：北五环的奥林匹克森林公园（10 公里）、东四环的朝阳公园（9 公里）、南二环的龙潭湖公园（3.5 公里）、南五环的世界公园（5 公里）、南二环的护城河沿岸（14 公里）……这些都是非常安全的选择。

对于经常出差的跑者，每次首先放进旅行箱的肯定是跑鞋。到了一个陌生的城市，关于去哪里跑步的问题，除了请教当地跑友、咨询酒店前台、上网搜寻之外，就只能靠自己的运气了。除了考虑地理位置，停车场和沿途商店也需要纳入考量的范围。尤其在气温较高的夏季，记下它们的位置才能做到及时为身体提供补充。或者，也可以干脆带上一瓶水再出门。

户外训练过程中，最好不要戴耳机听音乐。耳机阻断了对周遭环境的认知，使你不能对非机动车、行人和其他潜在威胁保持适当的敏感度。如果你习惯听音乐，可以在不影响旁人的前提下，干脆打开手机的扬声器，音乐能带来跑步所需的节奏。但请不要劫持其他跑者的节奏！我不时会在马拉松赛道上碰到那种脚步沉重、气喘如牛的跑者，他们身上背着大噪音的音响，里面飘出让人抓狂的“你是我的小呀小苹果”……打乱别人的节奏是一种不讲究赛道礼仪的粗鲁行为。

训练时间则因人而异，最好是选在自然光线充裕的时候，这样你可以清楚地看到跑道的情况，避免坑洼的路面造成踝关节的扭伤。如果是在夏季日照强烈时，就应该戴具有防紫外线功能的运动眼镜，因为紫外线对视力有伤害，长时间暴露在强紫外线环境中，会增加患白内障的风险。

## 跑走跑

走跑结合（Run-Walk-Run）指的是在单位时间内走跑交叉进行

的跑步方法。国外有很多关于走跑结合训练方法的书，这种方法可以让资深跑者的全马成绩进入 4 小时。“跑走跑”的创始人、美国最著名的跑者之一杰夫·盖洛威在 70 岁时还可以做到 4 小时内完成全马，他的方法就是走跑结合，降低在单位时间内跑步对心肺的压力。

杰夫·盖洛威于 1972 年代表美国参加慕尼黑奥运会，并于 1976 年开始推广自己创造的走跑结合训练法。至今，盖洛威已经影响了超过 1 000 万美国人的跑步训练，并帮助更多的人开始跑步。这种训练法能够降低跑步的参与门槛，尤其有助于女性跑者开始和坚持跑步；在减少伤病、提高健康水平以及辅助心理疾病治疗方面，有巨大的价值和成果。伴随运动产生的多巴胺有效提升了大脑海马区和前额叶细胞的良性工作循环，能帮助脑细胞生长，可以有效辅助抑郁症和其他心理疾病的治疗。

与“跑走跑”训练法创始人盖洛威先生在奥森交流跑步心得。

一般来讲，走跑结合是在固定时间内先跑，然后停下来走。不管是怎样的配速，先全力跑上 5 分钟，然后快走两分钟，进行充分的休息；或先跑 6 分钟，然后走一分钟……这样慢慢增加跑步的时间，减少走路的时间。但要注意，比如说之前跑 5 分钟、走两分钟的时候，一开始的两分钟可能速度是 120 步 / 分钟，但后面随着训练的进一步进行，可以同样是走两分钟，但提高步频，一分钟达到 125 步，依次循环，不断进步。

这种训练方法会让你在固定的时间内跑得更快、走得更快，减低心肺压力负荷的同时又能提高成绩。尤其对于初跑者，这有很大的吸引力，它可以让初跑者不必去忍受对长距离跑步的恐惧，还可以让跑步训练不那么乏味和困难。对于一些静息心率快的跑者，跑走跑的训练方法同样适合。有的跑友静息心率超过 80 次 / 分钟，一开始跑步，心率就达到 180 次 / 分钟，在这么高的心率下跑上半小时是件很痛苦的事！但是，如果跑步 5 分钟后改成走，让心率降下来，然后再跑，就会大大降低心肺的负担。

下面介绍一种“跑 10 分钟 + 走 5 分钟”的变速跑：

> 以 7 分钟 / 公里的配速连续跑 10 分钟，然后走 5 分钟，步频从 80 步 / 分钟逐步提升到 100 步 / 分钟，直至 120 步 / 分钟。之后，把 10 分钟跑的时间延长到 15 分钟，甚至是 20 分钟，后面同样是走 5 分钟，步频 120 步 / 分钟。

这样每次的训练都比上次进步一点，这既不会带来很大负担，又能够充分享受跑步的功效。

## 跑步前热身

做任何运动都需要热身，但不幸的是，越是年轻的人越不把热身当回事。小学时，往往一下课，拔腿就往外跑，上来就踢球，踢完就回家，啥事儿都没有。但随着年龄的增长，肌肉能力改变，体重增加，热身将是对身体不可缺少的保护。尤其对于40岁以上的跑者，热身是非常重要的一堂课。

还有很多跑者把一开始的慢跑当作热身，我自己很长时间也是如此，在正常的配速前，先用比正常慢30秒～1分钟一公里的配速跑上500米，再进行标准配速的训练。这个习惯直到2015年的鸟巢半程马拉松因没有充分热身导致跟腱损伤之后才被我放弃。吃一堑长一智，现在不管什么情况下，我都会训练前先简单拉伸、热身。

热身其实就是让肌肉做基本的拉伸和活动，避免突然的高强度运动对跟腱、膝关节、大肌肉群造成不必要的损伤。一般的热身需要5～15分钟，如果在健身房，教练一般会让你先上跑步机慢跑5分钟。这样做的好处，一是让肌肉骨骼适应运动节奏，二是让心跳也跟上来。

## 跑步后拉伸

当做完一次跑步训练之后，通常都很累，肌肉会很酸痛，大部分人会选择坐下来休息或者干脆直接回家，不会再进行拉伸，但其实跑步后的拉伸比热身更加重要。通过拉伸，可以排除掉肌肉中堆积的肌酸，减轻酸痛感。另外，肌肉外面包裹着肌肉筋膜，如果不拉伸，可能会发生粘连，这样将会非常痛苦。

因此，跑完步后的拉伸对排酸、增加身体的韧性以及快速恢复都有很大作用。一般来讲，一小时的跑步之后，拉伸的时间需要在 5 ~ 10 分钟，即使跑的是长距离，拉伸 15 分钟也够了。

## 跑步时间选择与夜跑的安全

很多跑友纠结跑步训练的时间。早上训练起不来，晚上训练又怕影响睡眠。尤其是女性跑者，早上训练有困难，因为空腹会产生低血糖的问题。训练时间的形成是一种习惯，和饮食习惯、身体状况有密切关系。训练时间因人而异，不必求同。选择早晨训练的跑友可以在跑前吃一点面包，其中的淀粉能在训练中快速提供能量。

我的跑步训练时间一般在早上。工作日的训练安排是，5:50 起床，6 点开始 10 公里训练，7 点完成包括拉伸、淋浴在内的所有事项，7:45 出门上班。在周末，就可以约上个别跑友，投入三个小时，进行 30 公里的 LSD 训练。

我在晨跑前一般不进食，甚至包括参加全马比赛时，最多吃一根香蕉就投入 4 个多小时的赛程了，这和我的饮食习惯有关。我基本不吃早饭，平时一杯咖啡就够了，午餐就是一小份三明治加咖啡，所以一天下来能够活命的关键就是晚餐了。因为晚餐丰盛，到早上恐怕还没能完全消化，自然就没有低血糖的问题。要改变几十年的习惯很难，而当身体要形成一个训练习惯时，也无需轻易去改变。所以训练时间是在早上还是晚上并不重要，形成习惯才是最关键的。

每位跑者的训练习惯不同，还有很多跑友选择夜跑，上海就有著名的夜跑团“Dark Runners”。与晨跑不同，夜跑者不必忍受早起的痛苦，也不必被低血糖困扰，但另一方面，晚上光线不足，有的路线行人稀少，若发生意外，救助条件不理想，所以作为夜跑一族，要注意以下几点。

## 路线选择

住所周边、你又熟悉的路线为首选，要有较好的照明条件，黑暗的道路影响视线，会让路上的障碍和坑洼增加你受伤的风险。光线太暗也不利于你观察周围环境，可能会给不法之徒可乘之机。

道路上车辆的多与少各有利弊，车多有尾气污染，车少则容易使驾驶员因放松警惕而加快车速，这更不安全。

综上所述，**夜跑路线最好是选择住所附近、照明好、没有公共交通的路段**。

## 夜跑装备

带有大面积荧光条的上衣、裤子和鞋是夜跑时必需的。由于车辆的高度不同，荧光反射的角度也不同，一身都有荧光条的装备会增加司机和其他行人对你的辨识机会，也增强了安全性。

如果你有戴耳机听音乐跑步的习惯，建议在夜跑时还是放下耳机。现在的耳机音量大，尤其是入耳式耳机，几乎完全把你和周遭情况隔绝开来，不利于你根据声音来判断身边和身后的各种危险，降低了你防范风险的能力。

手机要随身携带，它可以让你在碰到困难时及时救助。最好在口袋中放一张写有紧急联系人的纸条，毕竟你所有的准备都是为了能从容应对各种不测。

## 夜跑训练

夜跑的强度不宜过大，大运动量和高强度训练可能造成练后兴奋，使你不易入眠。此外，夜跑要注意控制速度，毕竟光线条件不如白天，高速奔跑会增加受伤的概率。

## 女性跑者的夜跑

女性跑者夜跑时的第一要务是找一位夜跑的男伴！几乎所有夜跑时遭遇不幸的女性都是独自一人跑步，找一位夜跑男伴将使安全更有保障。女性夜跑时衣着可以低调些，反正天黑自拍效果不佳，太展现身材也是浪费。尽量不要使用香水，夜晚的空气浑浊躁动，你的体香并不会增加魅力值。

# 跑步的礼貌

参赛时，如何成为高素质的跑者，我将在后面的章节中进行详述。在日常训练中，同样要注意跑步礼仪。例如，在奥森这种条件好、路面相对宽阔的跑道上，会有很多人同时进行跑步训练。因为大家跑步的计划不同、能力不同，所以快慢有别，当你要超过一位相对较慢的跑者时，要注意超越的礼貌，不要在距离对方太近的地方前插，这仿佛是在炫耀：看，我比你快！尽量在距离一米以上的地方超越，如果道路较窄，你可以客气地提醒一下："从您左边过啦。"跑步训练中，你会碰到各种状况的跑者，有的隔着好远就能听到沉重的喘息声和更沉重的脚步声，这时就要给点同情心，经过他身边的时候不要飞驰而过，稍微慢一点，拉开点左右距离，绕一点弯，超过时如果再给句鼓励的话就更好了。

跑步时选择恰当的着装也是一种有礼的行为，从跑步姿势、跑步着装到跑步礼仪，都能展示出跑者的素质高低。记得在某次跑步论坛上，不少嘉宾特别批评了"光猪跑"。不论是在健身房还是露天场所，除非是参加专业的健美大赛，你都不应该赤膊上阵。何况大部分跑者的身材远没到令人赞赏的地步，根本不用炫耀，而且裸露还存在被紫外线灼伤的风险。

女性跑者对自己身体的保护也是一种跑步礼仪。时常能看到公园里的女性跑者上衣穿得不合适，跑起来波涛汹涌，跑了半天，该减的地方没减，不该减的地方反而减了。专业的运动内衣能提供非常好的支撑和保护，是女性跑者的必备品。

大A随笔

## 这一刻，整个世界属于你

“明明这么痛苦，这么难过，为什么就是不能放弃跑步？”

——《强风吹拂》

2015年7月，在江苏出差的我拜台风“灿鸿”之赐，整个周末都与《强风吹拂》这本书相伴度过。几天前，一位跑友推荐了它，入手之后，它就与ASICS GT2000跑鞋一起撑起了我的出差行囊。虽然随身带着kindle，但我还是更愿意与纸质书为伍，喜欢听书页翻动时的声响。每每把书签插入书页中，就像给记忆和情绪关上了一道门，直等到下一场重新开演。

三浦紫苑不是我熟知的作家，我对日本文学和作家的最初及终极理解都来自渡边淳一、东野圭吾、村上春树和大江健三郎，而这本书为我打开了另一片天地。

故事讲述了一群来自一所N流大学——宽政大学的学生在两位出色跑者的带领和感召下完成日本箱根接力赛的故事。这个10人团队创造了跑坛的神话。

“箱根接力赛”全称“东京箱根往返大学接力赛跑”，每年的1月2日和3日在日本举行，赛程全场217.9公里，分10个赛段，需要10位选手接力完成。1月的日本平均气温在1度左右。我对2012年参加的东京马拉松记忆犹新，8点出发时的气温只有4度，发令枪响后的10公里中，我都在狂奔中为自己取暖。

与汤辉、影子完赛东京马拉松。

2009年，同名电影上映。出演宽政大学田径队员的演员们为了拍摄此片，单人跑步总里程多达1 000公里，10人加起来有10 000公里，相当于从东京到纽约的距离。对跑龄达到15年的我而言，哪怕考虑到下半年的赛程安排，现在已经逐渐把月跑量恢复到200公里，即一周50公里，这都是个天文数字，我实在是佩服这些演员的投入和敬业精神。

书中所提及的“Zone”和跑到“High”的境界，完全不同于一般描写跑步时“撞墙”的初级体验。“Zone”指的是当跑者在长时间高强度的奔跑后，由于心跳加速、消耗增大、供氧不足、用心思考和集中精力所形成的一种摒弃除赛道和奔跑之外一切干扰的境界，类似F1赛车手经常在高速驾驶时体验到的赛道变窄和周围物体移动变缓的奇异情景，类似成语“老僧入定”的境界。业余但训练水平较高的跑者会在LSD的过程中出现类似的体会：当你跑过28公里后，伴随着大量消耗而产生的多巴胺会帮你模糊掉肌肉的酸楚感，周围的一切渐渐离你远去，你只听得到自己的心跳和足底接触地面的呻吟。这一刻，整个世界属于你。而“High”则是另外一种并不常见的体验。在观看专业马拉松比赛时，你偶尔会见到男选手在冲刺的最后关头，会由于缺氧、多巴胺和极度的消耗引发的兴奋而勃起。

跑步带给人太多的变化和神奇体验。如果细究此书的内容，就不难发现对于初跑者的体验，除了呕吐之外提及不多。其实跑者因为体质、身体情况和心肺功能各不相同，会出现很多状况，如呕吐、腹泻、心跳间歇、尿血、经期紊乱等。当你的跑量稳定、配速一致、频率恒定时，这些问题才会从你身边悄悄溜走。

ASICS 的创始人鬼冢先生说过：A Sound Mind in a Sound Body（健全的精神源自健康的体魄）。“Sports for good”正被更多的人接受。通过科学的训练，每个健康的成年人都可以完成 42.195 公里的全马，你也可以。

**2015 年 7 月，于苏州**

# RUNNING IS THE BEST WAY TO KNOW A CITY.

6 点，7 公里。
北京今天有雨，
空气潮湿得像能拧出水来。
海的另一侧是阳光。
最兴高采烈的出发，
也要经历种种途中的痛苦，
才能享受到终点的欢愉。

# 05

# 对于初跑者，跑步是快乐的群体活动

## 和大家一起跑

对很多跑者来说，跑步是件孤独的事儿。

2000 年前后，当我开始跑步时，身边几乎没有人跑步。现在跑步的人多了，不会跑步的人也多了。有时我会想找一位合适的跑友，有时什么都不想，就这么跑着。有时也会好奇，刚刚让发丝飞扬的清风是否会是几年前吹拂过自己脸庞的那一阵？

好在，孤独但不寂寞。

## 跑团，志同道合的朋友们

对于初跑者而言，跑步是快乐的群体活动，是结识志同道合的跑友的活动。很多人开始跑步是受朋友影响，所以参加跑团就成为很多跑友的必经之路。

总有一些资深跑者会热心组织团体训练，无私奉献。大家在微信的各种群里结识，然后周末聚在一起，共同完成一个 5 公里或 10 公里的训练。最近两三年，很多跑团就这样应运而生。

大多数跑团结构松散，随意性强，从几个人到上千人规模不等。跑团里会有一两位比较资深和热心的跑者作为发起人，他把大家聚在一起，带动大家跑步。大的跑团还会成立分社，由领队组织并带领大家训练。

新浪体育通过两年“跑动中国”的跑团评选逐步掌握了第一手的中国跑团资料。2014 年年初，首届“跑动中国”跑团评选有 110 个跑团参与；2015 年，就有 2 740 个跑团参与，1 009 个跑团入围了。经新浪体育估算，到 2015 年年底，中国大约有 35 000 个各种类型的跑团，每个月有正式活动的活跃跑团数量在 26 000 个左右。全国范围内，北京、广东、江苏、福建、四川、上海、山东、陕西、浙江和河南是跑团最活跃的 10 个省市。跑团的数量、人数和活跃情况与一个地区的经济发展水平成正比。

在“跑动中国”跑团盛典上。

跑团对跑友的帮助和支持大概有 10 个方面：

- 帮助跑者开始跑步并把训练常态化：大部分跑团每周都有固定活动；

- 互助鼓励，让跑者能不断提高能力、成绩；
- 提供跑步相关知识，由跑团内资深的跑者答疑解惑；
- 互相介绍赛事，结伴出行；
- 互相推荐装备，减少自学成本；
- 分享心得，帮助跑友提高训练水平；
- 在缺乏动力、想放弃时，给跑者坚持的理由；
- 结识新朋友，形成新的社交圈子；
- 给跑者更多积极的信号，促成更健康的生活习惯；
- 让跑步成为每位跑友新的社交和生活方式。

在跑团的发展道路上，我提出下列发展方向：

- 在民政部门注册，在体育部门登记；
- 向跑友收取服务费，提供有偿服务，形成责任、权利和义务的集合体；
- 在日常训练中，给跑友提供医疗救护服务；
- 提供日常训练的保险服务；
- 提供有资质的路跑训练员，科学地指导训练；
- 有组织地安排跑友参赛。

跑团是以跑步为共同兴趣爱好的社会团体，超过50人规模的社团就可以在民政部门注册了。大多数国外的跑步俱乐部都是收费制，因为收费，就要提供服务；因为收费，付费方和收费方就都有了权利、责任和相关义务。从跑团长久发展的角度看，注册、收费、提供有偿服务是大方向。而医疗救护的服务在日常训练中也非常重要。正规的跑团中基本都有具备行医资格的医生跑者，他可以为其他跑友提供医疗救护的相关知识。训练保险也是近期兴起的一种有偿服务，不同于赛事险，训练保险的险种和产品提供的是平常训练中的保障。

每个跑团都有领跑者或者叫配速员，他带领大家训练，规定配速，并带大家热身和拉伸。受过训练、具备资质的跑步教练在中国还没有形成气候，期待体育主管部门出台相应的举措，让科学的跑步方法得以普及。

## 选择跑步的良师益友

### 找一本书

在选择良师益友之前，不妨找一些跑步相关的书籍来看。市面上跑步的相关书籍多如牛毛，有跑马大神写的，也有医生写的……每个人的身体条件、肌肉力量和对跑步的理解都不同，但开卷有益。在日后的训练中，这多少都能帮到自己，给自己更多启发。

### 一个好的培训机构及教练

现在有很多跑步学校、俱乐部或培训机构，但大部分并不具备足够的能力去了解每个跑者的个人情况。如果一个培训机构能够先咨询你的体检报告，了解你的静息心率，观察你蹲举、卧推、跑步时的姿势，然后再提出有针对性的训练方法……这才是一个专业的跑步机构。

在加入训练机构的同时，他们可能会要求你做心电图平板运动试验或者心脏彩超，不要因为做这些检查麻烦或者有费用就放弃。做心电图平板运动试验是为了检测你的心脏在跑步过程中是否能够从容应对。我就有一个朋友在做过这个检查之后，放弃了跑步，改为慢走和其他强度较低的训练方法。

那么，培训机构里一位好的教练又能帮你做什么呢？

首先，他会了解你的身体情况，包括血脂、静息心率、肌肉情况、关节灵活性和柔韧度，会观察你的跑姿，以及了解你在运动过程中心肺功能的表现。一个好的教练会从调整跑步姿势开始，教你如何掌握重心，如何通过重心移动去迈步和发力，如何调整步幅、步频，如何使用核心的力量，如何保证上身的稳定……他会帮助你摸索出一套适合自己的跑步姿势和方法。

好的教练会带你做热身，或者要求你在跑步机上慢跑 5 分钟。完成训练科目之后，还会带着你拉伸、放松，让你的肌肉能快速恢复。在训练中，他会实时关注你的身体反应，会观察你的面部表情和嘴唇颜色。当发现你呼吸急促、嘴唇发紫或者发白时，他可能会让你减速或者干脆停下来走几步。他还会注意检视你的脉搏情况，在适当的时候鼓励你加速，在需要的时候让你减速甚至是停下脚步。一个好的教练不应该只是让你跑得更快更久，还应该教你怎样去了解自己的身体情况，懂得什么时候放弃。

好的教练还会讲解伤痛的形成，讲解我们为什么会受伤、如何预防伤病以及伤病后的恢复。对很多跑者而言，受伤是没法预估的，有人在受伤之后会造成心理阴影，甚至放弃跑步。好的教练能够帮助你理性面对伤病，减少运动伤痛并尽快走出阴霾。

## 选择你的跑友

很多初跑者喜欢二五成群，一起约跑。每次训练结束后，一定要在朋友圈发图分享或炫耀，加上各种 App 上的互动、朋友点赞，社交媒体和跑步 App 对初跑者还是有很大鼓励作用的。一个积极的跑步氛围和合适的跑者，或者说“陪跑者”“配速员”，对初跑者的长期坚持大有裨益。

如果刚开始跑步需要 7 分半才能完成一公里，那么可能要找一个比自己快半分钟左右的人当陪跑者。这会带来很多好处：他跟你训练的层次相当，但因为跑龄早你一两年，你会遇到的问题都是他已经碰到过的了，所以他能带你少走很多弯路。

我在很长一段时间采用的是“三呼三吸”的跑法，但我有一个朋友用的是“两呼两吸”的方法，他帮我减少了很多在呼吸方面的纠结，也让我减轻了呼吸带来的疲劳感。

千万不要盲目挑高手来当自己的陪跑者！不要一上来就找一个三小时内完成全马的高手来教自己如何跑全马，因为对于这些基础能力强且长期训练的跑者而言，他遇到的问题是你暂时不会遇到的。从选一个旗鼓相当的配速员开始吧，多听他说，一点点地提高自己的成绩。不要挑高手，但要经常换“师傅”。

一个跑者从5公里、10公里，到半程，直至全马的过程中，跑步训练会发生很大改变。在LSD训练中，合理的配速下，当两人可以一边跑步一边交谈时，我们通常将此时的速度称作“交流配速”。跑步训练中的交流能大大降低训练的枯燥感。一个平时5分钟一公里配速的跑者在边跑边聊天时的配速就要降低到5分30秒一公里，从而让呼吸和节奏适应交谈。在LSD训练中，每个人的疲劳点不同，和同伴一起跑，对方能轻松带你渡过你的疲劳点，而你也可以帮他克服难关，两人相互帮助，能让训练更加简单轻松。

与张朝阳及北马冠军孙英杰在园博园。

对于开始LSD训练的跑者而言，选择一个合适的跑友很难。一般人都希望找一个比自己更资深的跑友，他比自己的配速要稍快，这样既能帮助自己提升成绩，又能随时沟通跑步相关的问题和心得；当你有疑问时，这样的跑友又会是身边的老师，一举多得。当你进入30公里LSD训练时，和这样的跑友一起，三个多小时将如同白驹过隙，只是遇到这么一位配速相近、跑步时间一致，也愿意花两三个小时在一起交流的朋友实属不易。我常开玩笑说，一辈子可能很难碰上几个跟你一起跑马拉松的人，但更难碰到的是能跟自己长时间在一起跑的跑友。

如果碰到了这样的跑友，就可以跟他一起制订训练计划了。大家相互去遵守、尊重这个计划也很重要。很少有超过三个人一起进行跑步训练的，在大部分跑道上都很难实现三个人并肩跑。

## 跑步路线的选择

由于多了跑友，你就得重新规划跑步的路线了。最好的路线是双方跑到一个地方集合，再一起开始训练。这样，大家投入的时间都差不多，你又可以以自己需要的配速进行预热和最后的冲刺训练。

你们可以选择在公园等没有社会车辆进入的场所，这样可以做到安心训练。跑步的路线最好是平整的柏油路，对初跑者而言，没有必要选择坡道训练，你的腿部力量没有达到能驾驭上坡和下坡的程度。

## 参加跑团训练

每个城市都有各种各样的跑团，你可以根据你的情况和对跑步的需求选择适合你的跑团。跑团的目的往往是跑团负责人的意愿。有的跑团以跑马拉松为目标，所有跑友的训练都以参加全马为目标，以提升全马成绩为荣；妈妈跑团则由一群刚刚生产的年轻妈妈聚集在一起组成，她们的跑步训练以产后恢复为目标；公益跑团热心于公益事业，会帮助盲人和残疾人实现跑步的梦想；还有金融界跑团、媒体跑团和各种企业组织的跑团。你可以通过新浪跑步的平台了解不同跑团的跑步诉求，选择适合自己的跑团。

如果是参加大跑团的训练，你会和几十人或者上百人一起训练，那么就要事先约好和你配速相当的跑者了。这时你大可激进一些，约上几个配速比你快的跑者，激发一下自己的潜能。资深的跑者基本都会照顾资历较浅的跑者，在你跟不上的时候，他们会适当放慢脚步。但是你提高的机会不会太多，除非是挚友，跑者大多不会牺牲太多个人的时间来做雷锋，毕竟每个人能投入训练的时间都有限。

训练效能和训练量一样重要。如果你确实能力一般，就要量力而行了。一般来说，每周的训练都要以恢复情况为基础。如果在训练的第二天，你没有感到疲惫和各种肌肉酸楚，就可以放心地参加后面的训练；如果疲惫感明显，就要增加休息的时间。肌肉的酸痛感只是你肌肉生长的反应，和你的体能恢复关系不大；但是一旦体能不能恢复，你必须给自己更多的时间，否则容易产生伤病。

## 一起参加比赛

与训练相比，比赛的情况就不同了。你要仔细研究赛道，考虑自己近期的训练水平，认真制订一个比赛计划，提前在群里寻找合适的跑友同跑。跟跑团一起参加马拉松比赛常常会有一些福利，如报名通道、折扣和组委会安排的各种餐饮等。我们在后面会详细介绍该如何选择你的首马。

## 跑者的六重境界

跑步会让你更关照自己的内心，而一个人的身体构造又决定了他的个性。换句话说，一个人怎么修炼自己的身体跟修炼自己的个性极其相关。在我看来，跑者大致分为这样六重境界。

### 1. 初跑者的参赛境界

从零开始，经过自己的努力能完成 5 公里、10 公里的初跑者，会关注各种赛事信息，从迷你马拉松到半程马拉松，不一而足；会参与各种约跑和集体训练；会参与各种比赛，热衷于分享各种训练和参赛信息。这样，既能激励自己坚持训练，也能逐渐确立自己在同伴中的江湖地位。他们将完成全马作为自己的终极目标，并为之不断努力。

典型行为：每天在朋友圈晒跑步的种种信息。

### 2. 全马跑者的肌肉境界

当跑者经过一段时间的刻苦训练，有能力挑战全马并完成全马时，就进入了全马跑者的肌肉境界。这时候，跑者开始关注 LSD 训练、高强度训练以及完成全马后的各种肌肉酸楚和痛感，并渐渐开始享受训练产生的多巴胺带给自己的愉悦感。他们的训练以肌肉力量和耐力为主，强调跑量，开始尝试各种训练法，追求速度的提升。同时，享受各种大满贯赛事，参与各种高难度的全马赛事；还会关注肌肉的外观、体脂量、BMI 指数，会晒马甲线和 PB。

典型行为：以突破 4 小时全马成绩和其他 PB 为目标。

### 3. 深度跑者的心肺境界

深度跑者追求更科学的训练方法，开始使用心率带和光电心率运动手表，按照心率来分配配速，注重制订训练计划。他们会在长距离训练中结合心率训练，更关注训练效能；会辅以核心肌群的训练，在跑步和健身房之间寻求平衡；关注心率对燃脂和减脂的作用；享受跑步对提升生活质量的贡献。他们大多都有明确的训练计划，并会控制饮食。

**典型行为：** 制订属于自己的训练计划。

### 4. 经验跑者的体质境界

经验跑者经历过无数训练方法和比赛，开始体会到跑步对核心生命体征的影响。他们理解训练、比赛、补给和休息对免疫力的影响，更关注恢复而不是训练强度；开始注重体检结果所显示的血液和微量元素指标，开始补充钙、镁和多种维生素，开始养成服用善存和钙片、镁片的习惯；懂得跑步与免疫力的提升和破坏的关系，开始用跑步来构建更健康的身体。

**典型行为：** 讨论健安喜（GNC）等产品对自己的作用。

### 5. 资深跑者的心智境界

资深跑者理解“A Sound Mind in a Sound Body”的含义；用奔跑构建身体的同时，能以奔跑面对生活压力、生理变化和心理状态；用奔跑磨砺性格，在享受痛楚、艰辛、愉悦、满足的基础上，完善自己的人格，加强对事业的执着、对目标的确定以及对理想的坚持。他们如把控成功一样享受孤独，赋予跑步更多的意义，让跑步成为一种生活方式、一种生活态度。

**典型行为：** 打包出差行李时首先装好的是跑鞋。

### 6. 骨灰跑者的跑步世界观

骨灰跑者开始构建以跑步为核心的精神、生命和世界。他们的生活起居、生命的奔流都以跑步为核心。跑步不是其生活的全部，而是生命的唯一，喜怒哀乐、爱恨情仇皆为跑步。他们外表波澜不惊，内心平和纯净。跑步是他们自己和自己的对话，为了跑步，可以妥协一切，但绝不放弃奔跑。

**典型行为：** 不能放弃任何一次跑步的机会，生命只为奔跑。

在张掖马拉松开赛前热身。

现阶段的我可能介于第三重和第四重之间，并且也无意跻身最高境界。我见过达到第六重的跑者，他们其实挺孤独的，好像只有通过跑步才能感到自在、自信、有收获。举个例子，在张掖，我见过一位非常好的跑者。除了跑步之外，他不太愿意跟人交往，常常自己戴着耳机，坐在一边休息，只为了能够更快恢复再投入到训练里去。我并不反对生活围绕着某个中心来安排，可能有人围绕着孩子，有人围绕着赚钱或者情感……对这样的人，我心怀敬畏之心，但自己不会如此，因为我知道要付出的代价太大。

大A随笔

## 长白山，跑者的世外桃源

2014年7月，我有幸到长白山出差，体验了一把长白山的美景和山路跑步。

清晨6点，长白山已经天光大亮，阳光暖暖地照在身上，好像能驱走昨日一整天阴雨带来的寒气。我约了著名跑者卢老师一起体验长白山上的10公里山道。

凯悦酒店咖啡厅后门正对着通往山上雪场的木质栈道，短暂享受了初级雪场的平坦之后，木质栈道立刻把你带入林中，并拉上一个长1.8公里、上升200多米的心肺锻炼之旅。持续的缓坡加上三五步就要爬升的台阶，很快便让你心跳加速、呼吸急促，完全顾不上享受富含负氧离子的林中空气，只能紧盯着前面跑友有力迈动的双腿。好吧，我同意初级雪道也是可以有坡度、有距离的。

很多跑者都不喜欢坡道，因为上坡会大大增加心肺的负担，而下坡又极挑战关节。掌握上坡跑的技术非常重要，大部分马拉松都会有坡道或者桥梁。另外，越野跑中会存在大量山道，这其中的技术各不相同，而装备就更千差万别了。

城市道路的坡道相对简单，你可以根据坡度的大小适当减少步幅、提高步频，简单说来，就是小步快跑。较小的步幅对腿部的肌肉要求较少，会降低疲惫感；而增加的步频对于大部分以步频为基础进行呼吸的跑者来说，就意味着更多的呼吸、更多的氧气，这就会增加心肺的供氧量，强迫心肺多做功，达成锻炼心肺功能的效果。

在技术动作上，可以增加上身的前倾。注意，是上身的前倾，而不是低头。低头会增加颈椎的负担，并不能让身体更好地借助地心引力减轻肌肉的负荷。

在肌肉的使用上，注意大腿的拉力和小腿的推力之间的均衡，适当让大腿多工作。目光向前，停留在你身前五六米的地方，或者是前方两三米跑者的腿部。保持节奏，注意重心，用前脚掌着地。即使上气不接下气了，也要挺住，因为所有上坡的艰辛，都会有下坡的回报。

1.8 公里后，栈道到了尽头，前面豁然开朗。向右一转，就上了柏油路面，据说这山中公路通往二十几公里外的松江河镇。在这儿安排一个半程应该不错，因为一路都是下坡，林木繁盛，野花竞开。况且半程终点处，有长白县最有名的松江河大锅炖鸡、大锅炖鱼。

为了摆脱柏油路的枯燥，跑了几百米后，我们右转上了林间小道，这是一条盘山小道，两公里外的山顶有一个微波发射站。我的朋友说，昨天他跑到这里时，还跟微波发射站的看护员打了个招呼。正说着，看护员就从山上迎面开车下来了。我们招手问早安，他回复加油，跑过几米后才发现，他身后还跟了一只京巴狗，看上去年纪不小了，冲我们汪汪直叫，还跟在我们后边跑了几步。想必它阅人无数，看我们俩也没有歹意，所以跑了一会儿就扭头跟主人下山了。一个人看护微波发射站如果没有狗狗相伴，真不知他的日子要怎么过。

这林间小路大概两公里长，是个缓坡，上面铺满了碎石。土壤松软，碎石坚硬，跑上去之后才发现脚上的跑鞋其实更适合柏油公路，在这山路上，需要附着力更强、鞋底更硬的山地跑鞋。

在山路上跑，首先要选择不同的跑鞋，鞋底要有粗大、颗粒状的纹路，类似汽车车轮的花纹。鞋底还要坚硬，不能像路跑鞋那样柔软，这样既能对付碎石，形成对泥土的抓力，还能防止野外的硬物洞穿鞋底。在山路和公路上的跑步分别有不同的技术和训练方法，就像你在沙滩跑步，使用的肌肉发力方式与在公路上跑也是不同的，这里就不展开了。

有了一开始 1.8 公里的心肺锻炼，此时的我们心旷神怡、脚下轻松，能够有机会看看这漫山遍野的野花，闻闻清爽的草木香味儿了。当地导游说，8 月是这里的深秋，到时候会更漂亮，所有的野花在冬季来临之前展开最后的灿烂，一眼看去，将是开到荼蘼的金黄色和酒红色。到时候，野果也都成熟了。然而，对跑者而言，那会儿的景色固然优美，但气候并不宜人，因为早晚温差大，中午又暴晒。我们还听说，秋天是山里的熊最活跃的季节，它们为了准备过冬，会到处猛吃野果。算了，我也不一定能跑得过熊，还是在这个季节尽情享受跑者的世外桃源吧。

我们踩过新鲜的泥土，穿过茂密的丛林，带着野花的芬芳，在灿烂的阳光下，奔跑了 1 小时 15 分钟之后，回到了酒店。

想起昨天导游说的，他在当地二十几年，才遇到过一次熊，不禁感慨人才是这世上最厉害的野兽。我又不禁遐想起来，要是 8 月来碰碰运气，可能也不错呢！

**2014 年 7 月，于长白山**

# PHYSICAL TOUGHNESS ALWAYS YIELDS TO MENTAL.

禁足第一周，

我的体重就达到了一年中的最高峰。

种种困扰接踵而至，

首先是过去轻松驾驭的衣物变得紧身和禁锢，

腰带要放松一格才能尽情呼吸，

西装上衣的扣子这回真的成了装饰，

而穿不进的裤子被收到衣柜的最高一层，

眼不见为净吧。

时间有态度，不能用力过猛。

# 06

# 你的身体，你自己照顾

## 提升训练水平

跑步是一种体育运动，跑者就是跑道上的运动员。

但跟真正的赛场不同，我们没有争金夺银的压力，也无需跟其他人拼得你死我活。如果说有什么一定要战胜的对手，那无疑就是过去的自己。

每一次的加速度都是在跟过去告别，以奔跑的姿态，去迎接更好的自己。

## 制订合理的目标

### 以距离为目标的训练

迈出第一步后，每个跑友的心里都会有一个目标。然而跑步训练的大忌之一就是盲目上量，那些喊着“半年攻克马拉松”，一上来就要迅速攻克第一个 42.195 公里的疯狂举动无异于将自己推向一条“慢性自杀”的不归路。要知道肌肉、骨骼等身体能力的提升需要时间的淬炼，而这个时间通常是 3 ~ 5 年。初跑者应该给自己制订一个适度的科学的目标，确保跑步训练能够帮助跑者达成提升心肺能力、加强肌肉力量和改善生命质量的效果。

对于基础一般的跑者，我鼓励大家分别以 10 公里、半程马拉松和全程马拉松为阶段性目标。对于第一个 10 公里，希望跑者能给自己至少一年的时间来锻炼。在这一年中，力争养成每周三次、每次至少 30 分钟和每次训练时心率达到 130 次 / 分钟以上的习惯。基础一般的跑者经过一年的训练，将可以达到一小时完成 10 公里的水平。很多跑者经过一两个月的训练后，就能轻松驾驭 10 公里的训练了。这时，如果继续以 10 公里为目标，有助于跑者把精力放在纠正跑步姿势、提升核心肌群能力和心肺功能方面。此时，可以自问：我能否以更好的跑姿、更快的速度完成 10 公里？在同样的配速之下，心率变化能否更加平稳？静息心率是否有变化？

**通常，10 公里目标用 12 个月达成，半程马拉松目标用 6 个月达成，全程马拉松目标也需要用 12 个月达成。**

很多跑者忍耐不了进行两年半的训练后才挑战马拉松，这是可以理解的。其实从对跑者自身的保护角度来看，两年半已经很快了。要想安全地挑战马拉松，所需的训练时间因人而异，但请跑者抱有敬畏之心，因为跑步训练的目的不是为了在朋友圈炫耀你的马拉松奖章，而是要形成跑步的生活方式，健康快乐地跑一辈子！

一旦你定下了距离目标，就要按照配速计划训练了。如果计划是在两小时内完成半程马拉松，大致需要5分45秒一公里的配速。建议你每周训练三次，一共达到30公里，每次的跑量可以分别是5公里、10公里、15公里。在这三次训练中，配速的要求也不同：5公里训练的配速要达到5分钟一公里，10公里争取跑到5分30秒一公里，15公里的长距离慢速跑需要5分50秒一公里的配速。

每周训练30公里，半马成绩才有机会进入两小时。半马的训练是在10公里训练的基础上进行的，需要投入半年时间。在这半年中，每次跑步的热身、训练、拉伸时间，加上换衣服、淋浴等的时间，一周至少投入6个小时，这还不包括交通时间在内。

如果目标是全马，就要付出更多了。如果是全马成绩目标为4小时30分的跑者，建议以6分20秒一公里左右的配速坚持42公里。如果每周同样训练三次，就需要有两个10公里和一个30公里，即每周训练距离达到50公里，才能确保你按时完成全马。两个10公里必须要在6分钟一公里以内的配速下完成，另外的30公里要严格按照6分10秒一公里的配速完成。如果要完成全马，需要一周投入超过8小时的训练时间才能圆梦。除了在赛道上挥汗如雨，跑者还需要投入更多时间来学习跑步知识和技术，准备做变速跑和核心力量的训练。

## 想要跑得更快，还是更长久

每个人的跑步诉求并不相同，给自己制订合理的目标非常重要，你是希望跑得更快，还是跑得更长久？

以我为例，我希望有更强的心肺功能、相对好的爆发力以及更健美的身材。我对全马成绩的目标是 4 小时 15 分，在身体情况正常的情况下，希望都能在 4 小时 30 分钟之内完赛。我的半马最好成绩是 1 小时 46 分，是在 2013 年跑出的；全马最好成绩是 4 小时 16 分，也是在 2013 年创造的。从 2015 年开始，在跑步训练之外，我增加了每周两次的核心训练，以应对更多的挑战。

在制订合理目标的同时，你还需要及时关注身体发出的信号。跑步是一个学习与自己身体对话、妥协、和平相处的过程，你要关注每年的体检报告，跑者需要警惕的问题包括骨质疏松、血液指标异常等，这两者通常和训练量大，又未能及时补充人体必需的微量元素有关。很多跑者面对的问题是，在提升训练量和训练时间后，人体的微量元素流失没有得到及时补充，从而造成缺钙、免疫力下降、血液指标异常等情况。这方面的内容，本书其他章节已经有过介绍。

注重心肺训练的跑者还要关注静息心率和最大心率的变化。就我本人而言，静息心率大概在 54、55 次 / 分钟左右，每次训练结束时会利用冲刺跑将心率拉升到 180 次 / 分钟。我的全马心率一般在 150 ~ 160 次 / 分钟，半马心率则略高。在跑步训练和比赛的过程中，要养成随时观察心率的习惯。几乎所有跑步意外的发生都和心脏有关。在训练和比赛中，如果发现心率明显高于平时，要考虑是否受到天气、身体状况或者海拔的影响，并及时做出调整。当我在海拔 1 600 米以上的高原比赛时，心率会比平地多 10 次 / 分钟。在 2015 年的甘肃张掖马拉松比赛中，我的全程心率都在 160 次 / 分钟以上，最大心率更是达到了 180 次 / 分钟。我全程关注着自己的心率，数字超过 175 次 / 分钟就及时调整速度，从而保证安全完赛。

除了关注体检报告、心率之外，每天还要养成上秤称体重的习惯，提醒自己控制饮食，过重的体重也是会增加心肺负担的。

## 学会呼吸

跑步时，要有规律、平稳地进行呼吸。一般人的呼吸方式是以步伐为基础的，比如说迈两步呼一次，再迈两步吸一次，或者每三步轮换，六步完成一次呼吸。呼吸和步伐的节奏一致是一种省力的换气方法,呼吸不均匀也会消耗体力。资深跑者很少会跑到“上气不接下气”，他们会调整呼吸的节奏去适应步频。

呼吸的节奏需要自己去尝试调整，形成习惯后固定下来。即使是变速跑，你也可以按照习惯的呼吸法在增加步频的同时适当增加呼吸的次数，给身体提供需要的养分。在 LSD 训练时，由于在后程体能下降，也需要调整呼吸，增加摄氧量。

就我个人而言，除了变速和冲刺训练，我都会保持四步一呼吸，也就是两步呼、两步吸的方式。我的呼吸会恒定于步频的变化。在上坡时，我会采用降低步幅但增加步频的方式，呼吸会随着步频的增加而增加，让我能轻松地应对坡度；在马拉松的后半程，随着体力的下降，我的呼吸也会增加，但是大多数时间，我都会尽力让呼吸和步频同步，以此减少能量的消耗。

## 锻炼核心肌群

很多跑者在训练两三年后，发现自己的成绩很难再提高，这时核心肌群的训练就要提上议程了。跑步的速度和姿势都和核心肌群的能力有很大关系。锻炼核心肌群一般采用无氧训练的方法，这可能会让有些跑者感到困惑。因为长跑是典型的有氧训练，需要的是肌肉的耐力和肌纤维的长度，但在锻炼核心肌群时，却需要借助无氧训练的方法，来锻炼它的力量和柔韧度。

我在尝试了近一年的核心肌群训练后，有些心得和大家分享。一般的无氧训练课由 4 或 5 组动作组成，包括每组动作间的休息，整个训练花费的时间为一小时。如果加上之前的热身和之后的拉伸，一般在 1 小时 15 分钟左右。自己单独训练和有教练陪伴时不同，教练指导下的训练一般借助的器械更多，动作的组合更科学，锻炼的效能更高。更重要的是，教练会教你正确的动作姿势。在我自己训练时，会选择固定的几组动作，比较简单，也比较容易。我的标准 5 组训练如下：

**表 6-1　　核心肌群训练表**

| 组别 | 动作 | RM<br>（Repetitive Max，最大量的重复） |
|---|---|---|
| 第一组 | 引体向上 | 20 × 2，15 × 2，10 × 3 |
| 第二组 | 杠铃蹲起 | 50 kg 15 × 2，70 kg 10，90 kg 5, 100 kg 5 |
| 第三组 | 杠铃硬拉 | 70 kg 15 × 2，90 Kg 10，100 kg 5，110 kg 5 |
| 第四组 | 仰卧起坐转体 | 20 × 5 |
| 第五组 | 健腹轮 | 站式 5 × 2，跪式 20 × 4 |

最开始，在无氧和有氧的交替训练中，我是一周两次的无氧中间穿插两次有氧的 10 公里跑，然后在周末的 LSD 训练后停一天无氧。但 LSD 训练对肌肉形成的作用是负向的，我常常感觉一周无氧训练形成的肌肉会在一次 LSD 后消耗殆尽。

如何在有氧训练和无氧训练中平滑地过渡，如何去安排一周的训练呢？这是很多人关心的问题。我现在实验的是一周三次有氧训练，周跑量维持在 50 公里；同时一周有三次无氧训练，一次做 5 组动作，每组动作重复 4 ~ 5 次。这恐怕也是肌肉耐力和爆发力双向提升的必经之路吧。

# 变速跑训练

追求速度的跑者大多会选择变速跑的训练方法。

变速跑训练方法有很多种。我的一位跑友练过两年的变速跑，全马成绩从 4 小时 30 分提高到 3 小时 30 分左右。他的方法是：

> 一开始，全力跑 1 000 米，然后放松慢跑 500 米，然后在一次的训练中最大限度地重复两种速度的结合。一段时间后，提高到全力跑 1 500 米，然后慢跑 800 米，再反复一个 1 500 米，再慢跑 800 米。一般跑者可以从 1 000 米和 500 米 1 个循环开始，达到 4 个循环后增加全力跑的距离到 1 500 米，然后反复。在增加循环的同时，要注意，全力跑的每个 1 000 米的配速也需要逐步提升。

这听上去简直让人毛骨悚然！大部分人对这样的距离和冲刺跑很难接受，因为太难了，这对心肺功能的要求非常高。

在变速跑训练中，你要密切关注心率变化，尤其是在最大心率下训练的时间，不能过长，要在安全的范围内逐渐提高成绩。变速跑的训练方法我也曾经尝试过，但无疾而终。变速跑训练的要求太高，所以请大家谨慎行事。

大A随笔

## 在赤道另一边，我不想停步

澳大利亚昆士兰州的费沙岛是全球最大的沙岛，据说是露出海面的珊瑚岩遇到澳洲大陆吹来的沙子，经过数十万年沙砌而成，所以我叫它“飞沙岛”。全岛长 120 公里，宽 20 公里，著名的 75 英里海滩就在此处。

2014 年 7 月，刚刚参加完黄金海岸马拉松的我慕名至此。经过 45 分钟的平静航行，渡轮就抵达飞沙岛。由于是在黄金海岸马拉松的第二天下午登岛，所以计划中的排酸跑就被安排在了第三天。我在 10 度左右的清冷空气中晨跑，初升阳光下，有一大片雾从岛上漫过沙滩，向海面无尽延展，寒冷在阳光的照耀下一丝丝散去。上午 10 点，在北澳丛林中穿行半小时后，我们终于踏上了 75 英里沙滩高速公路。来之前就惊诧地听说，这里的沙滩能跑汽车，还限速 80 公里，甚至还能起降飞机，当时听得我一头雾水……

我以前在众多沙滩上的奔跑记忆都是与松软的质感、深陷其中的狼狈和满满的流沙相伴，无论赤足或穿鞋都不舒服。但一踏上飞沙岛的沙滩，我就明白了这沙滩高速公路的奥妙：沙滩宽超过百米，沙质松软，但沙层坚实，汽车驶过时只会留下三公分左右的沙辙。这样的沙质既不会给赤足压力，又能让人发力，实在难得。

我情不自禁地赤足跑了几百米，双脚像踏在松软的草坪上，一直采用脚后跟着地跑姿的我在第二次跑时改成了前脚掌落地。脚掌踏上沙地的瞬间，脚趾抓入沙层，脚掌迅速形成支撑，重心向前，然后脚趾抓起沙滩表面的浮沙，向身后踢出一串沙粒，接着另一只脚重复动作，脚掌每块肌肉都感知着奔跑的节奏。快感从脚尖传回大脑，再由大脑送到每一个关节、每一块肌肉，一种原始的近乎动物的奔跑本能突然来袭。我不想停步！

在众多的跑步技术中，有一项是赤足跑，跑者不穿跑鞋在公路和各种坚硬的路面上奔跑，对此我一直望而生畏。之前接触过几位赤足跑者，被告知赤足跑是回归本真的跑步技术，他们说："非洲的跑步高手以前都是赤足跑的呀，而且，人类开化以前也是赤足跑，所以赤足跑更有效。"

在巴西利亚的午后跑步。

我只能认可赤足跑是一项极其高端的跑步技术，需要常年累月的训练、较轻的体重、正确的跑姿、超人的腿部力量和一双刀枪不入的脚。由于没有跑鞋的减震，赤足跑必须采用前脚掌着地的跑姿，而这种跑姿对跑者的足弓、跟腱和小腿肌肉力量要求极高。否则，脚后跟着地的跑法加上赤足，你的关节和脊柱很快会受到威胁。想一想，7 倍于你体重的冲击不经衰减和缓冲，直接作用在你的踝关节、膝关节，这无疑会对脊柱和大脑形成伤害。从小到大适应了鞋的舒适和支撑的跑者是不能轻易尝试赤足跑的，除非你开始减轻体重、调整跑姿，长时间对小腿和足弓进行针对性的训练，忍受脚掌的各种相应伤痛，而且还要有勇气承受更不理想的赤足跑成绩。

除非，你是在飞沙岛赤足跑。试想一下光脚在飞机跑道上奔跑的感觉，但代替脚下炙热沥青的是细沙、海风、阳光，以及海鸟和海浪的低吟。

这是我经历过的最美妙的奔跑体验，无与伦比。谢谢黄金海岸马拉松让我在赤道的另一边，体会到奔跑的快乐，感悟到人生的精彩。

**2014 年 7 月，于澳大利亚布里斯班**

TOUGH RUNNING
Columbia
0001

D7101
E10433

# A SERIOUS RUNNER WILL PACK HIS OR HER RUNNING SHOES BEFORE LAPTOP.

今天减量一组，
给肌肉足够的恢复时间。
清晨的健身房，
空旷、安祥、沉静。
只有这一刻，
时间属于自己。

# 07

# 10 公里是“最低消费”

## 10 公里跑

经过一段时间的训练并维持一定的跑量之后，你就可以尝试参加比赛了。对于初跑者，我建议大家循序渐进先选择参加一场10公里的比赛。很多跑者会把10公里当作每天训练的“最低消费”，它也是长跑的入门距离。但对初跑者而言，10公里是一个需要克服的门槛。

需要注意的是，比赛和训练有所不同。因为无论是自己训练还是和其他跑友一起时，跑者通常都会注意到身体的各种信号，并及时做出调整。但到了比赛时，哪怕是10公里的比赛，由于比赛场地中的热烈的氛围、观众的加油，甚至其他跑者的超越和被超越，都会让初跑者情绪亢奋，不能像训练时那样用心去体会身体的信号。这会让跑者跑出好成绩，也会让跑者因忽略身体信号而面临危险。

此外，任何跑步比赛中都有一个有趣的现象——每个临时厕所门前都会排起长龙。但当你带着强烈的尿意进去后，又会发现尿量不大，这其实正是赛前兴奋的一种表现。

# 选择第一个10公里比赛

对于初跑者，第一次的比赛尤为重要。它能带给初跑者经验、信心和相对好的个人成绩。我建议选择在家门口举办、属于自己“地盘”的比赛，可以是一场马拉松中的10公里，也可以是独立的10公里赛事。此外，还要考虑季节、温度、湿度和雨水等情况，争取在一个温湿度适宜的季节比赛，比如北京的秋天或南方的初冬，这个时间气温在15～20度，湿度在60%左右。阴天也是最好的跑步天气。

同时，还要选择赛事服务口碑较好的比赛，如李宁10公里路跑联赛、四季跑等。这些比赛是由大公司组织的系列赛事，各方面服务比较周到，初跑者的参赛体验会更好。谁都不希望第一次参赛就获得糟糕的体验，这可能会影响之后的训练热情。

赛事服务中比较重要的是存包服务和补给供应。很多跑者对10公里跑感觉很轻松，认为只需穿着跑步服装跑，不怎么需要水和其他补给，但其实这并不是绝对的。对于目标瞄准PB的跑者，10公里是一场辛苦的比赛，因为要全程保持一个较高的速度以争取好成绩，所以排汗会比较多。对于初跑者，在这方面也要多加注意，因为比赛中可能比平时的配速快、成绩好，所以也会增加排汗。随着排汗增加，比赛结束后失温的速度也会加快，但比赛的兴奋感会影响你对实际温度的感知。所以比赛结束后，要立即增加衣物，不能等到感觉冷了再添衣，这样非常容易导致感冒。因此，存包服务是必不可少的，而且赛后要能尽快拿到存包。对于初跑者，形成及时补水的习惯也很重要，建议依据天气、排汗情况和个人习惯，在 10 公里比赛中补水 2 ~ 3 次。

当你考虑了这些因素后，就可以报名参加一场 10 公里的比赛啦。尽管对资深跑者来说，10 公里是“最低消费”，但还是初跑者的你千万不能掉以轻心。在准备参赛时要仔细准备、检查装备，诸如上衣、短裤、压缩裤，甚至内衣、内裤，都不要穿新的！而跑鞋，更不能是新的了。在训练中穿新鞋如果感觉不合适，跑者大多会停下脚步，终止训练；而参加比赛时，跑者往往不会因为鞋的问题退赛。我目睹过很多次没有经验的跑团在比赛前才发放跑鞋等装备。新鞋一旦上脚不合适，10 公里的路程完全能让脚磨出血泡，事后如果在血泡的恢复方面不注意，就容易形成鸡眼等顽疾，影响跑者今后的训练和比赛。如果其他的装备和皮肤形成摩擦，也会造成不适，从而影响比赛状态。所以比赛中使用的装备都要选择自己已经穿过几次的，这样才不会造成不适。至于半马和全马的参赛装备，在适应性上会有更多的要求。

## 配速，目标，达成

参加一场 10 公里比赛时，你要计划好自己的配速和完赛时间，完赛后还要进行复盘。

参赛计划的第一步是要确定好配速，根据平时训练的情况，你应该在前半程选择和平时训练一致的配速，后半程选择比平时训练稍快的配速。比赛中，大多数跑者在出发时和前半程都太快，过早地耗尽体力，造成后半程的困境。如果前半程严格按照配速计划来进行，就可以让你合理分配体力，在后半程跑出好成绩，给自己信心。

有了计划，还要按照组织者所规定的时间到达比赛地点，进行检录和热身。一般的比赛赛前会有热身项目，领跑员和激昂的音乐会带着大家进行拉伸等热身动作，减少比赛中受伤的可能。初跑者应该参与热身，但不要太过兴奋，不要在比赛开始前就把心率飙到150次/分钟，这样既消耗体力，又为后面的比赛带来不必要的负担。如果观察专业的选手，尤其是非洲运动员，你会发现他们的兴奋都不会出现在赛前，即使在完成基本的热身后，专业运动员也大多神情平静，只有当比赛开始时才会迅速调整到比赛状态。

## 补给，保暖，复盘

枪响之后，一定有很多业余跑者，尤其是比你更菜的"菜鸟"会拿出百米冲刺的劲头开始10公里的比赛。如果打算执行原先的配速计划，你可以让出前几排的出发位置，或者出发后往旁边跑，把空间留给速度更快的跑者，尤其要躲开那些过度兴奋的"菜鸟"跑者，以免他们绊倒你或者造成推搡。你也可以找"兔子"（对"定速员"的俗称），这样既能保证自己的配速，又比较安全。

一般在10公里的比赛中，专业运动员或者资深跑者都不需要补水，但作为初跑者，可以考虑补水。通常的比赛会在每3公里左右的地方设立一个水站，你可以选择进入每个水站，少量补水，练习边跑边喝水，为今后的比赛打基础。进入水站时要注意伸手示意，就像骑自行车转弯的手势，避免和身边的跑者发生碰撞。进入水站拿水时，可以把一根手指放入杯中，拿起水杯，从中间捏扁，形成小口，方便边跑边饮。饮水时可以把水含在嘴里，按照呼吸的节奏一点一点喝下去，避免呛水。

10公里比赛一般不需要在途中进食或者补充能量棒。如果是早上的比赛，也要根据自己的习惯少吃早餐或者干脆不吃。我常年都是空腹完成训练，即使在跑全马之前，也只是吃一根香蕉或者一个鸡蛋。平常的习惯要保持到比赛，如果平时都吃早餐，那么当天早餐的量不要太大，一开始也不要喝太多水，否则在比赛场地找厕所不是件容易的事儿。

当你按照自己的配速完成10公里比赛、拿到奖牌之后，要迅速拿到寄存的衣服穿上。因为比赛消耗了很多能量，需要尽快保持体温，避免着凉。

赛后的复盘也非常重要。你可以跟朋友谈一谈比赛的感受，谈一谈自己在不同公里数时的身体感觉，包括痛点以及所谓的“撞墙感”，但大部分跑者在10公里内很少出现撞墙感，除非是竭尽全力在跑。人的身体是台复杂的仪器，在仪器出现问题之前都会有这样那样的信号，你要做的是聆听自己的身体，在不影响健康的前提下完成比赛。你也可以把参赛的感受用微博的方式记录下来，不光是为了跟朋友分享，也是为日后的比赛提供一个基础认识。

大A随笔

## 跑步与登山：一半是火焰，一半是海水

我已经跑步15年了，期间总有朋友问我，为什么不登山？征服珠穆朗玛峰的郁亮、阿贵（黄春贵）、王勇峰队长就在我的身边，我跟登山只有一步之遥呀。登山对很多人来说是比跑马拉松还要厉害的运动，行走在万峰之巅，天在脚下，太阳触手可及；站在峰顶，心胸开阔，极目远眺，人间万物早已曾经沧海。

如果说我对跑步有敬畏之心，那对登山简直就是膜拜了。由于工作关系，我曾在2006年面对面听过王石讲登山、孙振耀讲飞行。当时王石说，登珠峰造成了他的记忆力衰退和种种身体健康问题。作为听众的我敬佩之余，实在无法理解他们的疯狂之举。真正理解登山的魅力是在5年之后，我的玉珠峰之行。

2011年8月，时任联想俄罗斯和独联体区域总经理的我有幸参加了由联想和AMD公司组团的玉珠峰登山队。此次组队缘起于5个月前，由联想高级副总裁乔松带队的联想登山队征集队员。由于行程在8月底，我那会儿的档期正好空了一周，当时已经有10余年跑龄的我自诩基础不错，耐力又好，再说，谁没爬过山呀，香山的鬼见愁（香炉峰）我可是跑上去的（鬼见愁海拔800米），于是大笔一挥就报名了。

报名后的5个月里，我基本在俄罗斯、乌克兰等地出差，错过了所有登山前的讲解课程和体能、心肺训练。好在我每周都保持跑步三次，领队阿贵也没多说什么。尽管我一直有比较严重的高原反应，在丽江和青海湖都会出现头痛、失眠的症状；但我们这支队是豪华登山队：队长王勇峰时任国家登山队队长，已经N次登顶珠峰，阿贵也是2008年北京奥运会火炬上珠峰活动的核心成员，而且我们每个人都有一个登山向导。得知这一切保障之后，我就放心多了，而且这次的目标是玉珠峰，海拔只有6 178米，我就更不以为然了。

玉珠峰是昆仑山东段最高峰，南缓北陡，山峰顶部常年被冰雪覆盖，没有岩石裸露在外。它的冰雪坡坡度较平缓，但由于每年气温高、融化快、降水少，冰雪的消融量大于累积量，属于消退型大陆冰川。

出发前一个月，我趁回京的周末请阿贵带我去买装备。在朝阳公园门口的三夫户外，顿时傻了眼，我没想到登山装备种类如此繁多，从免洗内衣到抓绒衣，从冲锋衣到防水服，还有鹅绒睡袋、头灯、专业登山单手套、棉手套……花了近三万元，扛了几大包装备出来后，我的头开始发晕。当听说登山的核心装备，如绳索、冰镐、冰爪、登山斧、氧气瓶、无线电对讲机、野外炊具、柴油发动机、帐篷等都已经准备好了之后，我才第一次对登山这件事产生了警觉。

由于工作关系，我又连续出差了近一个月。登山队出发是在8月20日，那是一个周六。我此前在拉脱维亚的首都里加开渠道会，周五才上飞机，12个小时的飞行后，于周六早晨8:30抵京。几个小时后，我和我的行囊又回到了首都机场，等着上从北京到格尔木的飞机。这次的登山活动共有21人参与，但从北京出发的人并不多。一问之下，我才知道大部分人一周前就去了西藏的阿里地区进行高原适应性训练。大家都这么认真呀？我听完之后心里一紧，连忙去问一位登山向导："玉珠峰危险吗？"向导的回答是："不危险，这几年只有5人遇难，你们跟着我们没问题。"

从玉珠峰回来后，我才有空查阅资料，了解了关于玉珠峰山难的细节。

> 2000年，一支业余登山队通过网上报名组队登玉珠峰，组织者和领队都没什么经验。登山时三人一组串起来向上爬，其中一组偏离了预定路线，滑坠到一侧的山崖下。领队当时判断那一组没有生还的可能，下山时撤掉了海拔5 600米处的冲锋营地的帐篷、睡袋和一切给养，全队退回到7小时路程外的5 100米大本营。滑坠的三人中，两人当场遇难，一人毫发无伤，但当他坚持走回冲锋营地，却发现自己被遗弃了，在荒野中再没有醒过来。

2012年，郁亮登珠峰回来后，十几个朋友在奥森附近吃饭，听他讲登珠峰的故事。他说了几个数字：每年有超过100人试图挑战珠峰，成功概率不超过50%，死亡率则将近20%。为了登珠峰这一天，他准备了4年，准备工作包括跑步、骑车、游泳、户外等。他讲的一个故事让当晚所有人都动容了。

> 几年前，有一对美国情侣，女的迷恋登山，订婚后带男友去登珠峰，计划成功后就结婚。登顶成功后下撤的途中，

女的体能耗尽，向导让男的跟他下撤以保证安全，但男的选择和女的待在一起。他们成了所有登珠峰者的一个地标。郁亮说，他登山路过时看到他们的衣服还很新。

到达格尔木时，已经是深夜，在海拔 3 900 米的地方，我当时竟然没有不适感，也有可能是想的事情太多，没有注意到。周日一早，我坐车到西大滩入住招待所，那里海拔 4 100 米。接下来，我休息了一下，然后四处走走，适应一下环境。一队人都有说有笑，神情轻松。

周一，在西大滩的拉练——三个半小时的徒步中，我竟然完全没有高原反应。玉珠峰的北侧山坡就在眼前，由于空气稀薄又没污染，雪山看上去离我们好近。可走了两个小时后，我才发现，雪山还是那么远，真是“望山跑死马”呀。周二，我们离开西大滩，前往大本营。大本营在荒无人烟的山里，海拔 5 100 米。

到达大本营时已经是下午，我觉得很困，于是钻进帐篷和睡袋睡了一会儿。晚上被叫起来吃饭，一出帐篷就被漫天的星辰震撼到了，但头实在太疼，没能好好欣赏如此美景。到了大帐篷，阿贵拿出血氧仪，用一个小夹子夹在我的手指上，测出我的血氧浓度是 32%，也就是说在这里，我的血液输送氧气的能力只有平地的三分之一。一开始我还不信，让阿贵也测一下，他的居然是 98%，只能感慨真不愧是专业登山家。我没有胃口吃饭，很快折回去睡觉了。

周三早上，在头痛欲裂中醒来的我发现问题来了——我坐不起来了！我试了几次，都没有成功，身体歪向一边。耗尽力气穿上衣服，却还是站不起来。我手脚并用地爬到帐篷外，刺眼的阳光让眼前的世界不停旋转。好不容易到了大帐篷，发现大部队早已整理完毕，出发去拉练了，就剩下我和另外两位队员。一位女士高原反应严重，一直在呕吐；还有一位已经意识不清了。我的意识正常，可是行动不便，整个人头晕目眩。王队长当时决定送我们回去。下午，车到西大滩后，我们仨吃了碗面，是时候做决定了。他们选择坐车回格尔木，周四乘机回北京，我选择留在西大滩。如果明天一早我还是不能正常行走，就立即回格尔木。如果还有一线希望，我希望此行能不留遗憾。

周四中午，我在众人惊讶的注视下走进大帐篷。王队长仔细检查了我的心率、血氧和血压后，同意我马上随大部队出发，去冲锋营地，计划在周五登顶。自从到了西大滩，我的心率就从北京的55次/分钟疯涨到了90次/分钟，而到大本营后，静息心率就接近100次/分钟了。心跳紊乱的问题在回京后还一直困扰着我。我甚至觉得后来的心跳间歇和这次玉珠峰的冒险有着直接关系。我深知，这样的心跳速度会加速体力消耗，并造成疲劳感。

我们分成两队，一队已经在周四登顶，二队的8名队员计划在周五登顶，登顶后立即回撤到大本营。从大本营到5 600米冲锋营地的路，我们走了近5个小时。不能说是步履维艰，但持续的高原反应消耗了我大量体力。一路上，有碎石、河流、山风，还有不知名的绿色植物在顽强生长。5 600米冲锋营地连接着雪线，我们到达时天色已黑，雪在脚下清脆作响。天上的星星更亮了，周围无风，静得只剩下自己的心跳声。吃了些压缩饼干后，我昏昏沉沉地睡了。什么漫天星光、振臂一呼、诗情画意，在高原反应面前都顾不上了。甚至，我根本没去想明天登顶后要如何庆祝与合影。

周五清晨 5 点，我起了床。由于是和衣而卧，接下来的时间只是用来打包和整理装备。装备基本都留在冲锋营地，待到我们登顶成功下撤时再拿上。我在装备之外只有一个背包，里面有一瓶水、一份两餐量的压缩饼干和一块巧克力。跟着我的向导背了登山绳索和一瓶氧气。我们 8 个队员有 4 瓶氧气，这 15 公斤一瓶的重量，谁都不希望会用到；但一旦需要，这 4 瓶氧气就是 4 个人生还的希望。出发前，我们都知道，不到万不得已，不能用氧气，因为用掉了，别人有危险时就没得用了。

6 点整，我们装戴整齐，开了头灯，穿上了冰爪。天亮前的路要靠头灯照明，而脚下已经是千年的冰层了。早就听说，这十几年间，玉珠峰的冰原向上退缩的速度很快，不知下次来玉珠峰时，是否还需要冰爪。想到这些，心生悲凉。我们一行 16 人一字拉开，开始了登顶的旅程。之前在大本营从望远镜里仔细研究过，从 5 600 米的冲锋营地到玉珠峰是很近的，海拔只会增加 600 米，直线距离大约三公里。想想就好笑，如果在平地，登高三公里 13 分钟就能拿下，如果 6 点出发，登顶后都可以烧烤了。

我们每位登山者都有一位向导相随，阿贵这位肤色黝黑、话不多、一笑就露出一口白牙的兄弟打头阵，勇峰队长则断后。4 只氧气瓶都在后面的几位向导身上，我排在倒数第三。一定是我的高原反应让队长放心不下，才会有此安排，而我实在不能接受这 4 只氧气瓶中有一只是为我准备的。但是，大丈夫能屈能伸，小命要紧呀。我又看了一眼向导背上的氧气瓶，迈开了登顶的第一步——冰爪在黎明时分泛着蓝色光芒的冰雪上一口咬下去，双脚格外沉重。接着，吸一口气，再迈一步。连日的高原反应和狂跳的心脏让我有些恍惚，连一口深呼吸都很难，只能短促地急喘，就像一位马拉松跑者从出发时起，节奏和呼吸就已经乱了。

我们之前规划的是，每走 10 分钟，休息两分钟，向导负责通知我们休息。第三次休息结束后，向导停了下来，我抬头一看，原来是前面的队友走不动了。那是一位一直活蹦乱跳、吃喝正常的南方汉子，我昨晚还听到他讲笑话。阿贵他们在几天前来探了路，在冰面上打了桩，连了登山绳，我们 8 位都连接在登山绳索上。如果有人走不动了，后面的人只能打开锁扣，退出绳索，越过前面的人，再连到绳索上，继续向前。在平地上用脚都能完成的工作，到了海拔 5 000 多米的地方，居然成了不可能完成的任务。我费了九牛二虎之力，旋开卡扣，退下绳索，走过队友身边，拍了拍他的肩膀，但我喘得太厉害了，没能说出加油之类的正能量话语。然后，我抓住绳索，可怎么也挂不上了。卡扣在我的腰上，绳索由于被队友坐在身下，位置较低，我单膝跪地，伸出左手抓住绳索，可是戴着厚厚登山手套的右手怎么也转不开卡扣上的螺旋保险。我们每个人都戴了两双手套，里面一层是薄薄的绒线手套，外面是厚厚的掌心有皮革的棉质手套，这样能充分保护双手，但会失去很多操控能力。护目镜的透视性很好，能避免雪地反射的光线伤到眼睛形成雪盲症，我清楚地看到卡扣和螺旋保险，戴着手套的手指一次次尝试。周围的风声被自己排山倒海的喘息声压制了，心脏好像要从喉咙里跳出来。一瞬间，我的思维好像停止了。

一只戴着薄手套的手出现在眼前，准确迅速地完成了工作。是我的向导，我甚至不记得他的名字了，但记得他在刺眼阳光下的笑容和伸出来拉我的那只手。登山重新开始，这次更难了。从走 5 分钟后再休息，到走 20 步就休息，再到走 15 步就休息、走 10 步就休息……我完全没办法积聚肌肉的力量，只是苦苦坚持着向上迈出一步又一步。当时应该是出汗了，因为口渴得厉害，这是脱水的症状。雪山上到处是雪，但风大，非常干燥。我停下来喝了一口水，竟然感受不到冰凉的液体流进身体的感觉，因为大脑缺氧影响了感知。抬头看去，看不到顶峰。不管了，现在重要的是迈动双腿向前进。只要不停下来，就有希望。当时完全没有多余的精力去思考：下撤时该怎么办；体力不支，无法返回大本营怎么办。要知道，很多山难都是发生在下撤过程中的呀。

正当我深一脚浅一脚地前行时，听到身后突然有人喊“我来了”。我停下脚步，踩住冰面，双膝跪在冰面上，双手支撑，稳住重心，回头看，竟是刚刚那位不能前行的队友。只见他神气活现地赶上来，超过我，一路向上去了。顿时，我受了鼓舞，脚下也有了力气，一个转弯之后，玉珠峰峰顶就这样出现在眼前。下山后我才知道，原来那位仁兄使用了一瓶宝贵的氧气。我只能笑笑，轻轻摇头，不语。

登顶之后，我在地上趴了好一会儿，双臂微微张开、伸展，想象自己漂浮在水面上，享受着不用双腿的片刻时光。翻过身来，摘掉护目镜，满眼的阳光灿烂。不记得自己是否哭了，但每次想到这一幕，总会心潮起伏。

从出发到登顶，我用了整整 6 个小时。在山顶停留 15 分钟后，我们开始下撤，甚至没时间拍一张照片，这成了我玉珠峰之行的最大遗憾。我们下撤到冲锋营地的速度很快。接着，我背上行囊，开始了漫长的回归大本营之旅，登山的种种消耗在这个时候都来向我报到了。在半混沌的状态下，我从峰顶回到大本营，一共走了 7 个半小时。到达大本营之前，眼前横亘着一条冰雪融化形成的河流，我蹲下身，试了试河水，感觉到彻骨的冰凉。然后，我想腿部发力站起来，居然没有成功。

周六晚上，我回到北京。电子体重秤显示的是67.5公斤，和出发时的74公斤相比，整整差了6.5公斤。第二天，我在超市看到了6.5公斤的猪肉，那真是好大的一坨呀。而且从第二天开始，我每天早晨都流鼻血，这样持续了一周。

回京后更严重的问题是，我的心率一直在80次/分钟以上。每天时刻感知着自己的心脏在工作，实在不是一件好玩的事情。直到两个月后的北京马拉松，我以4小时29分28秒完赛后，心率才恢复正常。

北京马拉松完赛后，与蓝枪鱼老板郑丹合照。

我想要感谢曾经帮助我完成这次无知的冒险旅程的人：王勇峰队长、阿贵、老贾、老乔。你们再约我的话，我是不会轻易答应了。

这次的玉珠峰之旅给了我很多警示：不要去打没有准备的仗，不要去参与没有准备的旅程。了解自己的身体及其对自然环境的反应，是对自己、同伴、朋友和家人负责，更是对自己负责。登山如此，马拉松如此，人生亦然。

**2016年1月，于北京**

# RUNNING IS A PART OF LIFE AND LIFE STYLE.

生活就是一个接一个的马拉松，

无论快慢，

你踏出第一步后就要完成它，

然后是下一个。

# 08

# 与自己的身体 对话、妥协、和平相处

## 你的第一个半程马拉松

一城风絮
满腹相思都沉默
只有桂花香暗飘过……

不由哼出《尘缘》这首老歌，明明错过了丹桂飘香的金秋，却在11月初的腾冲古城邂逅了满目金黄。来腾冲跑半马如果只为追求速度，那真是愧对这片蓝天白云下的风景。来到和顺古镇，跑过野鸭湖，踏上田间小径……置身暗香浮动的桂花树下，好像穿越了几个世纪。

用脚步去丈量，算得上是跑者认识每一座城市的最浪漫的方式了。半程马拉松，刚好可以完成这样的使命。

## 半程马拉松的补给

一名职业运动员可以在1小时10分内完成21.097 5公里的半马，业余跑者中的高手也可以在1小时30分内完成半马，我的半马成绩在 1 小时 46 分到 1 小时 50 分之间。

以 2 小时完成半马为例，跑者大概需要以 5 分 45 秒一公里的配速跑完全程。在这 2 小时之中，身体的消耗及所需补给大大不同于 10 公里。我们常说，10 公里是跑者“最低消费”。如果只是跑 10 公里的路程，补充水就足够了。随着汗液流失，人体会流失电解质以及铁、钾、钙等微量元素，但除非是一周训练 5 次以上的严肃跑者，对这些流失，其他人大可在日常饮食中补充。

作为首都媒体跑团团长的我及其领队、新华社汪涌老师在腾冲马拉松赛道上。

我在 2 小时左右的半马训练中，如果考虑到补给的 1 000 毫升运动饮料，那么通常会有 0.6 公斤左右的体重减少。通过计算，在 20 公里的跑步过程中，身体会流失大约 1.6 公斤的汗液，同时消耗大约 1 700 大卡的热量。10 公里后随着排汗代谢等身体反应，所有人都需要进行补给，以保持较高的竞技水平和良好的身体状态。

这时候，可以通过运动饮料来补充三大类关键物质：电解质、糖和微量元素。不要轻视补给，缺乏这些物质会让身体发出警报，从体力下降、成绩受损、抽筋等较小的问题到低血糖、免疫力下降等严重危及健康的问题，不一而足。

通常在比赛中，跑者会使用能量胶或能量棒、盐丸、运动饮料等作为补给。人在运动中首先消耗的是糖原，糖原由碳水化合物形成。一般而言，跑者在前30分钟的奔跑中消耗的是糖原，之后是通过燃烧脂肪来提供能量。

常见的运动饮料都含有糖、维生素和电解质，国内市场上常见的佳得乐、宝矿力、脉动都是不错的选择。至于补充的量和时间，就因人而异了。一般而言，在训练和比赛中，如果你觉得口渴，就要立即补水，因为身体的信号传到大脑被你感知，这个过程需要时间，你感觉口渴时，身体其实已经进入脱水状态，短时间脱水不会对身体造成损害，但时间一长会危及各种脏器。在极其干燥、蒸发量大的地区，例如沙漠，身体失水速度会成倍快于普通的温湿度环境，就更要小心了。高手和有经验的跑者懂得自己的身体，善于和自己的身体沟通，会做到及时补充。

以我为例，身高176厘米，体重74公斤，汗腺发达，20公里排汗大约1公斤，通常要补充1.2～1.5升、约2～3瓶的运动饮料。我通常选择在8～12公里之间进行第一次补充，在16～17公里之间再补充一次，20公里之后补充第三次。在补充时，并不是一次喝下全部的500毫升，而是先喝大约300毫升，在后面的两公里内再喝下另外的200毫升，一次喝太多对跑者也是一种负担。

跑半马时，跑者可以根据自身情况，如排汗多少，来决定补充量和时间。当水站不提供瓶装饮料时，跑者可以采取分次进水站、跑动中进水的战术。跑者可以分别在 10 公里、15 公里和 19 公里处，每次补充 200 毫升左右，完赛后再补充 1 000 毫升。

对于每周训练量大于 40 公里或者一次训练达到 20 公里的跑者，除了通过补充运动饮料，及时获得糖分、电解质和维生素外，还需要考虑其他人体必需的微量元素的补充，养成每天食用善存和钙片的习惯。对于每周训练量大于 50 公里且排汗量大的跑者，还要增加补给量，这些我们会在后面全马的补给中说到。

## 半程马拉松的装备

在 10 公里比赛中，由于距离短，哪怕速度较快，跑者各关节和肌肉所受的压力、被冲击的时间和次数都比较少，所以 10 公里比赛对跑鞋的要求相对较少。对于资深跑者而言，各种跑鞋都可能胜任，对于初跑者，选择也比较多。

到了半程马拉松，跑者就要仔细考虑跑鞋的减震和其他保护功能了。一双普通跑鞋，单只的重量可以在 150 ~ 250 克不等。跑鞋的重量通常是支撑性、保护性和减震材料三方妥协的结果。知名的跑鞋中，像 ASICS 的虎走系列在单只 150 克左右（型号不同，重量不同），李宁的超轻系列（Super Light）单只重量 180 克，特步的超轻系列则单只在 160 克上下。其他保护性较强的跑鞋，单只的重量都在 200 克以上。

跑者可以根据自身能力、训练水平、训练量，挑选适合自己的跑鞋。我选择半程跑鞋时，李宁、安踏、特步到 New Balance、Mizuno、ASICS 等品牌都可以。跑鞋要至少已经陪你训练超过 50 公里，或单程达到 15 公里，才能用于比赛。因为达到 15 公里，跑者才有足够的时间对鞋的各种指标、舒适度有充分的了解，避免出现新鞋挤脚、磨脚的状况。在长距离的比赛和训练中，跑者的脚会出现肿胀，一般在参加 20 公里以上距离的比赛中，我都会选择比日常 10 公里训练鞋大半号的跑鞋，以避免脚肿胀之后和跑鞋形成摩擦。

我的一位跑友的教训可以给大家一些警示。2012 年的北马，这位有 10 年跑龄的跑者接受了一件礼物：某著名品牌的减震系列。有 10 年跑龄的他这次大意了，试穿合适，只在跑步机上尝试了 5 公里后，就和新鞋上了赛道。跑了 10 公里后，由于双脚肿胀，新鞋开始磨脚；21 公里后，右脚的脚后跟起了三个大血泡，让他近两个月不能跑步。

由于大部分跑者采用的是脚后跟着地的跑姿，所以保护足底和跟腱成为大多数跑鞋的首要任务，对跑鞋的选择需要一个非常科学的过程。读者可以参考第三章里我对李宁烈骏跑鞋的测评。

跑鞋之后，就该轮到袜子、压缩裤、速干衫、速干帽子了。专业的跑步袜子采用棉和尼龙的混合材质，既柔软又具备排汗、速干的效果，而且是根据脚型分左右的，这样可以最大限度地减少冗余的部分在鞋和脚之间发生磨擦的机会。就像跑鞋一样，袜子也有寿命。通常，当袜子任何一个部分弹力减少或者穿着里程超过 600 公里时，就要进行更换。

对于一位每月跑量超过 200 公里的跑者，这意味着每个季度都要更换新的运动袜子。这听上去有点奢侈，但是过度使用的运动袜子容易造成脚部的各种问题，也会产生难闻的气味，所以这个投入是必不可少的。

压缩裤和压缩袜的功效相同，都是通过束紧腿部这个离心脏较远的位置，来帮助血液尽快回流，促进血液循环，从而保证对心脏远端的脚、踝关节等的供氧。同时，压缩裤还能紧箍肌肉，减少肌肉不必要的横向抖动，抑制肌酸的形成，减少抽筋问题。很多跑者在完成全马后，还会穿压缩裤睡觉，以帮助肌肉迅速恢复。生产优质压缩裤的品牌有很多，CW-X、ASICS、Under Armour（安德玛）、SKINS（思金斯）都是不错的选择。

此外，速干衫也是跑步必要的装备，它和纯棉 T 恤完全不同。速干衫大多采用尼龙等合成材料，在导汗、风干方面有特殊功能。好的速干衫可以在一小时内完全干燥，而且对身体的磨损很少。和袜子一样，速干衫也有使用寿命。在长距离训练中，速干衫长时间在汗液中浸染，会逐渐形成难闻的气味，也会对面料造成磨损。速干衫的使用寿命和鞋差不多，在穿着里程达到 600 ~ 800 公里时可以考虑更换。

## 半程马拉松的训练

一周三次、累计跑量 30 公里，这是基本的半马训练量。跑者可以按照每次 5 公里、10 公里和 15 公里的训练计划执行，每周一个

15 公里能让跑者充分适应较长距离的比赛。另外，国际著名的长跑运动员也提出过 70% 理论，即每次训练的距离是比赛距离的 70%，训练配速是比赛配速的 70%。我没有尝试过 70% 的配速，但是对跑量和每周一次 15 公里的训练是非常认同的。

进入半马训练模式后，你要考虑的就不只是距离、LSD 和 10 公里的速度了。如果说 10 公里像跑 400 米，半马就像 1 000 米，它既要求速度、爆发力，也要求耐力。你的半马训练同样也要考虑速度和耐力。

每周 30 公里的训练中，5 公里的训练需要你尽量快跑。对于一位能够在 1 小时 50 分钟内完成半马的平均水平跑者，5 公里的完成时间应该在 23 分钟左右。在跑 5 公里时，你的用时计划可以参考以下表格。

**表 8-1　　5 公里训练用时计划表**

| 距离段 | 用时 | 累计用时 |
|---|---|---|
| 第 1 公里 | 5′30 | 5′30 |
| 第 2 公里 | 5′00 | 10′30 |
| 第 3 公里 | 4′30 | 15′00 |
| 第 4 公里 | 4′30 | 19′30 |
| 第 5 公里 | 4′00 | 23′30 |

同时，每周至少进一次健身房，进行核心肌群的训练。半马跑者和 10 公里跑者一样，都可以兼顾肌肉量和肌耐力。

在进行每周一次的 10 公里训练时，同样要有速度要求，最好能在 50 分钟左右完成，这是跑者的平均成绩。所有的训练都应该遵从跑前热身、前慢后快的原则，这样既能减少伤痛，又能保证后半程的体力和加速。

至于每周一次的 15 公里训练，就可以计划得轻松一点。在这个训练中，你要开始考虑补给了。除了自己随身带水，最好能事先知晓 8 ~ 10 公里处有无可以获得补给的地方，所以要细心观察哪里有商店、加油站。而当你在陌生城市训练时，就必须考虑带水训练了，如何补水在前面已经说过。你要让自己的身体适应每周一次 15 公里的距离，能完成这 15 公里，你就一定能完成半程。如果能在训练中以 1 小时 20 分左右完成 15 公里，你就能在 1 小时 50 分内完成半马。

## 选择一场半程马拉松

第一次挑战半马时，大家可以选择一个“万无一失”的赛事。同城的赛事自然是首选，由于不用旅行，不用考虑酒店、饮食、气候、温度和赛道给你带来的麻烦和陌生感，你可以集中精力参赛和完赛。

如果你所在的城市有能力同时举办半程和全程马拉松比赛，那就更好了。和全马选手一起出发，你不必担心配速被打乱，可以很容易通过跑姿、步伐找到资深匀速跑者，让他们成为你的配速员，帮助你完成首个半马。

一般的比赛都会在号码布上明显区分全程、半程和短距离跑者，你可以从号码布上找到全程跑者，让他成为你的“私兔”。有关跟随跑的礼仪，我们随后就会介绍。需要注意的是，千万要远离那些 10 公里跑者，他们大多没有经过系统训练，参赛属于临时抱佛脚，别说配速，就连能否完赛都不一定。不要让他们打乱你的节奏，没有一个全马跑者会想在全马比赛中争一个 10 公里名次的。

此外，在本地参赛还会让你对集结点、赛道、终点大致有所了解，让你能更从容应对比赛，而且即使补给有问题，你也能招呼亲朋在赛道边为你加油，提供补给，可谓占尽天时地利人和。

田协认证的金牌半程不多，这里推荐几个：

- **扬州半马** 烟花三月下扬州，4 月的扬马绝对值得一试。历史名城扬州，景色优美，美食美酒皆备。你可以周五到达，周六游览，周日参赛，周一离开。唯一需要注意的是住宿，一定要早预定，否则普通宾馆周末一晚的价格可以从 300 元涨到 2 000 元。
- **衡水湖半马** 河北衡水有衡水湖这一宝地，它的马拉松半程、全程都有。那里风景优美，衡水老白干和咸鸭蛋一定要尝！衡水马拉松的起点和终点处的酒店不多，一定要记得提前预订，酒店房间和参赛名额一样重要。

有跑友说过，参加半马最适合旅行。一场两小时的比赛不会让你筋疲力尽，反而会带来充分的锻炼，让你精力充沛，所以以跑步之名旅行应运而生。

你可以每月计划一次半马之旅：在1月跑深圳、厦门，2月跑昆明，3月跑成都，4月跑扬州，5月跑上海，6月跑兰州，7月跑贵阳，8月跑哈尔滨；而金秋十月，可以选择北京；11月再下江南。

在厦门环岛路上进行厦马前的热身。

对于马拉松跑者而言，半马既是比赛，又是马拉松前的LSD，一举两得。

## 从半马开始，注重跑马的赛道礼仪

发令枪响后迎风奔跑，用PB检验训练成效，用奖牌见证跑者的新身份……有能力参加半马或全马赛事的你可能深谙跑步的技术，有着不错的成绩，但对于马拉松赛道的礼仪，你都知道吗？你懂得服务完一场马拉松赛事之后，志愿者的心情吗？你了解比你能力差、比你慢的跑者的感受吗？关于马拉松的赛道礼仪，大家不妨来了解下。

首先，决定参加比赛后，要有足够的时间去准备。完成一场半程马拉松，需要达到20公里的周跑量，并且持续5周；完成一场全程马拉松，需要达到50公里的周跑量，并且持续至少6周以上；报名参赛但无法成行，或者中途因赛前准备不足而遭遇身体状况……这些都不是一个合格跑者应该做的事情。

到了比赛日，你应该在鸣枪前至少一个半小时到达现场，这样才留有足够的时间去存放衣物、找到自己的出发区域，并且做适当的热身运动。迟到会给自己压力，也给赛事组织者带来不必要的麻烦，因为迟到的你要在仓促中穿过已经就位的数万名跑者，道路阻且长，多少会影响到自己的跑马体验。

记得，一定要按照你的配速来选择配速区！

如果你需要 4 个半小时完成全马，就不要站到 4 小时的区域，因为不同的配速，选手的起跑速度不同，如果你的起跑速度过慢，可能会被后面的选手推倒，造成不必要的伤害。现在都是芯片计时，你的成绩尽由自己掌握，出发前也无需拼命向前挤。

进入和离开水站的时候请使用手势。就像骑自行车时，如果水站在你的右侧，需要先伸出右手，警示后面的选手你将减速、进入水站，同时要向后观察，确定在和别人没有冲突的前提下才离开主赛道进入水站。当补完水之后，需要重新加入到主赛道的选手队伍时，也要先伸出左手让后面的选手知道你的意图。

每场马拉松赛事，主办方都是至少按照 6+3+1、每人 10 瓶的配置准备饮料，即 6 瓶 500 毫升的饮用水、3 瓶运动功能饮料和一瓶赛后的饮用水。从训练和比赛的需要上看，这完全能满足所有跑者的需求。但当志愿者来不及补充足够的杯装水时，有的跑者会干脆拿走一整瓶水，喝了几口后就随手丢弃，这不仅造成浪费更掠夺了其他跑者的补给资源。

成熟的跑者如果碰上没有杯装水的情况，会拿着这瓶水跟自己一起跑，等喝完后找到垃圾点再弃置空瓶。参赛选手有义务维护赛道的环境卫生，在补给站领取的水杯、水瓶或食品包装不要随手丢弃在路边草丛或赛道上。否则，不仅会对赛道及城市的环境造成破坏，也会给后面的选手带来不便。

比赛时，如果你想跟跑，可以选择一位目标跑者，但请注意至少要保持两米以上的距离，不要让被跟随者感到不适或注意到你的跟跑，除非对方是知晓且同意的。

如果你想伴跑，更要征求对方的同意。除了“兔子”，谁也不希望被陌生人跟跑几个小时。伴跑时应该要跟在对方身后，保持在两个肩距左右，注意不要影响对方的行进路线，不能齐肩压着别人跑，那样做可是非常不礼貌的。当新手出现上述情况时，有经验的跑者要给予善意的提醒和规劝。

不论是训练还是比赛，不论是 10 公里、半程或是全程马拉松，跑者都要充分注意身体的发出信号：如果感到肌肉酸痛，这很正常；但是如果有胸闷、气短、无法呼吸的情况，请立刻停止跑步并求助最近的志愿者或是医生。跑者爱护自己也是赛道礼仪的重要组成部分，因为跑者出现任何身体状况，都会给赛事主办方、执行公司及医疗救护造成巨大困扰。

当胜利在望，距离终点还剩 1 公里左右时，有些选手会开始加速跑，还有些会在最后 500 米进行冲刺跑。此时，一定要注意自己的心跳及心脏感受，不要给心脏带来过重的负担。通过终点区之后，要迅速靠边离开，不要忘情地站在计时牌下自拍，要为后面的选手留出足够的冲刺空间，同时避免被他们撞倒。

值得一提的是，此时高素质的跑者还会留心他们超过的其他跑者。马拉松不是你死我活的竞赛，冲线之前，观察一下你身边的跑者，给老人、盲人跑者和其他比你身体情况差的跑者机会，让他们可以尽情展现风采，这也是赛道礼仪。

最后，你可能对一场赛事的某些服务十分不满或满腹牢骚，但请不要忘记，任何一场赛事都是由组织者和无数志愿者的心血铸成的。举一个小例子，或许你会遭遇在补给点没有杯装水的绝望，但这大多不是志愿者的错。因为 5 公里处的志愿者可能在开赛后一小时就可以休息了，但 35 公里处的志愿者要服务五六个小时。由于很多主办者考虑不到他们打开成千上万瓶水的辛苦，因此不会准备手套，而被瓶盖磨破双手绝对不是个别志愿者的经历。

所以，你有权利吐槽，甚至口诛笔伐，但真正的跑者应当有一颗仁慈之心，愿意充当探路者，为推广跑步而身体力行。在数十公里的赛道上，你可能没法对每一位志愿者报以微笑，对他们击掌或鞠躬，但至少可以在完赛后让他们知道你的感激之情。向志愿者致意、表达感谢是赛道礼仪的至高境界。

大A随笔

# 为“她”而写

算起来，中国的女子半程马拉松赛事可以追溯到2015年。最初的两个所谓的女子赛事办得非常粗糙，它的逻辑是：不让男的跑，就是女子半马了。之后的女子跑更奇葩，主办方直接找帅哥赤膊助阵！这里面做对的恐怕只有一点，那就是距离的设定，半程马拉松可能是最适合女性跑者的跑步赛事了。原因有很多，我们就从女性跑者和男性跑者的不同说起吧。

## 1. 跑步的诉求不同

### ●防晒需求

女性跑者在健身诉求外，还有防晒和美白的要求。不同于欧美跑者以一身古铜色的皮肤为美，亚洲的女性都追求美白，美白和防晒是密不可分的。跑步训练和比赛中的高倍数防晒产品是女性跑者的必需品之一。

### ●防晒装备

速干帽子、魔术头巾、运动眼镜等能减少紫外线对女性跑者的刺激。

### ●训练后修复产品

跑步训练和比赛后，保湿、补水和晒伤修复的产品必不可少（尽管很少有人会被晒伤）。对于女性中的长发跑者来说，还需要注意保湿护发洗发水，这给了日化品牌更多的商机，针对女性跑者研发不同的洗发护发类产品。

●保持身形的运动内衣

跑步是长时间的运动，不可避免会对女性的胸部产生影响，专业的运动上装也是女性跑者的必备品。专业的女性运动内衣在罩杯上做了区分，比如有的运动内衣罩杯分为 AB、BC、CD，对于 C 罩杯的跑者，大可选择稍紧的 BC 号，这样能在运动中充分保护胸部。

●产后恢复的需求

年轻妈妈的跑步训练中可以增加专门的腹部训练，以满足快速塑形、减少腹部脂肪的需求。很多妈妈跑团会安排每周的核心训练，在核心无氧训练后再开始 40 分钟到一小时的跑步训练，从而充分燃烧局部脂肪，达到快速瘦身的目的。

柏林马拉松起点，与郑丹、小糖夫妇在一起。

●对运动美学的追求

和男性跑者不同，女性跑者更注重运动美学，美颜相机是标配，对运动中的影像也要求尽善尽美。

2. 身体情况不同，跑步技术不同

●身体情况决定技术差异

和男性跑者相比，女性由于胸部的缘故，身体重心与男性不同，跑步的技术和姿势就需要特别的引导。很多女性跑者盲目跟随男性跑者大神学习跑步技术，结果在重心把握、步幅和步频上都会产生不适感。

要知道女性跑者在身体前倾的幅度、腰部的发力点和腿部力量的训练方面，都和男性跑者不同。而且很多女性跑者是从跑步机训练开始的，转换到路跑时容易产生重心前置不够的问题。这些都需要女性跑者根据自身的情况进行适当的调整。

●步频与音乐不同

女性的身高通常不及男性，在同等配速下，女性跑者需要迈出更多步数才能跟上男性跑者，而步频的变化自然会影响到步幅和跑步姿态。步频高的跑者离地的高度要低于大步流星的跑者，摆臂的次数也更多，身体的姿态调整也相应更频繁。由于步频不同，节奏更快的曲目更适合女性跑者。

●拉伸程度不同

女性跑者的柔韧性通常要好于男性跑者，热身和拉伸的动作幅度需要更大才能收到效果。特别是女性跑者对腿形的敏感也使她们跑步后的拉伸时间更长、幅度更大，以达到塑形的目的。

●生理期问题

女性跑者还有生理期的问题。生理期中如何训练和参赛，是女性跑者尤其需要关注的问题。

3. 跑步的心理需求不同

女性跑者有着比男性跑者更多的心理需求，如下：

●社交需求

未婚女性跑者更注重跑步的社交功能，无论是从自身安全还是从社交需求出发，她们大多更愿意和跑团成员一起跑。

妈妈跑者要面对来自家庭的压力，需要相夫教子、关注孩子的成长等，所以需要更多的交流和倾诉。妈妈跑团的特点通常是一起活动的时间长，跑前和跑后的交流时间往往多于跑步训练本身。妈妈跑团在选择赛事时，更多会考量比赛地是否山清水秀、是否适合全家出游等因素。

● 懂得量力而行

女性跑者通常不像男性跑者那样争强好胜，往往能够量力而行，会在训练中循序渐进，是非常好的学员。在各种比赛中，很少听到女性跑者受伤和发生意外。

### 4. 女性赛道礼仪

除了遵守所有跑者的赛道礼仪之外，女性也要重视在赛道上对自身的保护。女性跑者要注意恰当应用变道和变速时的手势，避免冲撞；也要注意跑步着装，让自己成为赛道风景，避免上装过于宽松造成胸前不适。

对赛事组织者而言，针对女性跑者的各种不同诉求，也要做出相应的调整。

- 装备包区分男女，女性跑者的装备包中可以增加帽子、保湿和防晒产品、赛后使用的简易卸妆水、湿巾、修复和美白补水产品等。
- 在赛道安排方面，在起点和终点的防晒大棚、半程（10 公里）处设置补妆区；终点的摄影区、合影区的布置上，要考虑到女性跑者完赛后不会立即离去，在面积容许的情况下设置交流沟通的区域，甚至可以考虑设置各种护肤品的展台。

- 在赛道中风景优美的地方设置拍照区，让每位女性跑者留下美丽身姿。
- 安排热身和拉伸动作。
- 在音乐的选择上，应该按照女性跑者的步频来选择；如果能有现场演出就更好了，这能极大调动女性跑者的情绪，当然也不要忘记设立与乐队的合影区。
- 充分利用赛前的宣传资料、讲座普及运动知识，比如跑步技术、运动中的美白保湿、运动妆、生理期运动知识、赛后恢复等。
- 为优秀跑团提供展示空间，让女性跑者找到适合自己的跑团和跑友，大家互相激励，共同进步。
- 对于关注跑步的女性，媒体可以准确定位，进行多方位报道。

2016年3月30日，于南京

THE FURTHER YOU RUN, THE CLOSER YOU ARE TO YOUR HEART.

奔跑是一个不断与自己对话的过程。
奔跑在路上，
就能够不以物喜，不以己悲。
人生又何尝不需要这样的无所畏惧？
奔跑给我勇气，
让我能够不停下追逐的脚步。
因为我坚信，
更好的自己就在不远的前方。

09

# 只有 42.195 公里，才能给你一个马拉松

## 你的首马

# 什么是马拉松

经常会听到朋友兴高采烈地说："我跑马拉松了！"通常，我都会善意地问一句："你跑的是哪个马拉松？""北京马拉松，我跑了5公里。"听到这里，资深跑友都会会心一笑，那没说出的话是："朋友，你是在北京马拉松跑了5公里，你没有跑马拉松，只有42.195公里才能被称为马拉松！"

其实马拉松赛跑是人类最原始的军事通信形式之一，它的由来发生在公元前490年，希腊一个叫马拉松的小镇。希腊人在马拉松赢得了与入侵的波斯人之间的战争。他们派出一位有着"飞毛腿"美誉的士兵菲迪皮茨（Pheidippides）去送捷报信。当他一口气跑到雅典，说出胜利的消息后力竭身亡。1896年首届奥运会上，"奥林匹克之父"顾拜旦采纳他人意见，设立了这个叫"马拉松"的长跑项目。当时，按照两地的距离，马拉松被设成40公里，所以前三届奥运会都是以40公里作为马拉松赛的距离。

1908 年第四届奥运会时，为了方便东道主英国王室观看马拉松比赛，马拉松的起点被设在了温莎宫，终点设在奥林匹克运动场内。从温莎宫到运动场的距离是 26 英里 385 码，即 42.195 公里。后来，国际田联认证 42.195 公里为马拉松的标准距离。在马拉松运动开始的前 90 年里，只允许男选手参加，女子马拉松是从 1984 年洛杉矶奥运会时才被列入奥运会比赛项目的。

所以，只有完成 40 公里，才算真正完成一个古代马拉松；而完成 42.195 公里，才是跑完了一个现代奥林匹克的马拉松。

对很多跑友而言，跑马拉松是个终极目标。跑马很酷，能用来炫耀，当然也能带来健康。近几年国内举办马拉松比赛的城市很多，群众跑马的热情也很高。但实际上，跑步和跑马是非常不同的。作为一个跑者，你真的准备好成为一名马拉松跑者了吗？

一旦决心要跑马拉松，你的生活会随之改变。我在跑步 12 年后，才完成第一个马拉松。这 12 年中，我没有跑马拉松不是因为没有机会，也不是因为不能尝试，而是因为没有说服自己一定要完成一个马拉松的理由。

我从 2000 年接触跑步，开始的训练每次都在 5 ~ 10 公里，一周两到三次。后来因为要参加半程马拉松比赛，增加了每周一次的 15 公里。跑步的前 10 年，我参加了几十个半程马拉松。对我而言，跑步是锻炼，更是一种生活方式，就像四川人吃辣、东北人听二人转一样。每次出差，首先放进旅行箱的都是一双跑鞋。跑步可以减轻精神压力，愉悦身心，让自己有充足的精力面对生活，当然，还能让我随时都有好胃口。

我一直认为跑步比赛对于广大跑者而言，无论是10公里，还是半程马拉松，它们不是比赛，而是一场狂欢；对举办跑步比赛的城市而言，办赛事的目的是推广跑步运动和健康的生活方式，不是为了宣传谁得到了冠军。这些早年对跑步的认知一直在影响着我。

在舟山渔港为舟山马拉松测试赛道。

加入新浪之后，我引领新浪体育进入跑步领域，我选择的报道策略和角度与其他媒体都不同。新浪体育独创的马拉松直播把普通跑者作为主角，把城市作为场景，把城市景观、人文特点、风土气息作为拍摄素材，把马拉松比赛拍摄成了风光大片和赛道真人秀。2015年，新浪体育对舟山半程马拉松进行直播，时长4小时50分钟的直播开始前，我们的视频团队已经在舟山拍摄了近100小时的素材，把舟山的大青山国家公园、舟山渔场、码头、当地小吃、海鲜、舟山的跑者和跑团都纳入了镜头。跑者们看了舟山半马的直播后纷纷留言，说哪怕只是冲着清蒸带鱼，也要去舟山参赛！

## 从跑者到跑马人

在训练时间方面，如果一名跑者一周训练两到三次，每次30分钟到一个小时，那么每周付出的跑步时间为两至三小时。跑马人则一周要完成三次或者更多次、总计50公里的训练，训练用时5小时，加上来回交通、热身、拉伸、淋浴的时间，每周训练的总时间投入可能需要8小时甚至更多。

跑步应该是一种生活方式，而不是其他。由于现在跑步已经成为一种时尚，跑马拉松成为一种可炫耀的资本，个别急功近利的跑友平时不充分训练就上全马赛道，这增加了受伤的风险，也使跑步从生活方式变成了达成其他目的的手段。我们鼓励跑者通过科学、系统和长时间的训练挑战马拉松，但更希望的是跑者能够把跑步作为生活方式常年坚持下去。

在饮食和作息方面，普通跑者与跑马人也是不同的。即使是资深跑者，想要从容应对每周一次的30公里LSD训练，也需要更多的休息时间来恢复体力和精力。对于每周50公里的马拉松跑者，还需要调整饮食结构，以保障健康。

在充分了解跑马训练对你的生活起居、时间分配、饮食和补充习惯的影响后，你还需认识到跑步对你性格和思维方式的影响。作为有氧运动，很多研究表明，跑步对减轻精神压力、抑制和治疗抑郁症大有裨益，对改善思维方式、提升精力和体力同样有帮助。不过，中国有一句古语：“物极必反。”每个人都有自己的极限和临界点，那么究竟跑多少公里才是对自己最好的呢？

我和很多跑友分享过 30 公里的训练心得。第一个 10 公里时，满脑子都是工作中的问题，常常恨不得停下来打电话，发微信布置后续安排。熬过 10 公里后，想的是“算了，随他去吧”，所以第二个 10 公里就轻松很多，能充分享受跑步的乐趣，享受自己的配速、步伐和呼吸。15 公里后，我会开始体验很 high 的感觉。而跑第三个 10 公里时就开始挣扎于类似“终点怎么还有这么远”的想法，满脑子只想早点结束这痛不欲生的训练。

但是，30 公里结束后，简单拉伸一下，席地而坐，一瓶脉动在手，低头看着脚下的汗水，那种满足和愉悦感只有自己能体味。就这样，日复一日、周而复始的训练会把我们塑造成谁，磨炼成谁，又成为谁的谁呢？

有人说，很多跑者都是成功人士，但其实正相反，成功的人才能跑步。因为跑步所造就的坚韧性格、毅力也是成功的必备要素。也有很多人说，跑者大多执拗，很多每月跑量超过 400 公里的跑步大神越跑越“神”。总之就是跑者不凡，跑马者与众不同。你是其中的哪一种呢？

## 准备你的首马

在科学地训练三年、跑过几个半马后，你就可以准备你的首马了。当然，由于身体基础和能力的不同，你所需要的前期训练时间可能少于三年或长于三年。但无论如何，对于没有运动基础或者 10 年以上没有系统锻炼过的人来说，训练一年就挑战全马是存在较大风险的。参与到近年来流行的“商学院跑马”风潮中的跑者也应该三思，因为国内的总裁班中，学员大多是成功人士，平时工作强度大，应酬多，生活不规律，身体条件差；另一方面，他们的成功源自有毅力、自律、心气高、不服输，所以这些总裁跑马的风险会成倍于普通跑者，跑步训练 1 年、6 个月甚至 3 个月后就挑战全马的大有人在，结果往往是身体受损，心力交瘁，永不跑步！

我们之前已经谈过全马的训练问题。一周 50 公里的跑量对大部分跑友而言足够应对全马的挑战了，关键的还是训练的时间。我们要给自己的肌肉和骨骼足够的时间，让它们能适应高强度的训练和比赛。以下给出的全马训练时间计划只强调距离，不要求速度。

> 12 个月内，每周训练三次；
>
> 工作日训练两次，每次 10 公里，时间控制在一小时内；
>
> 周末训练一次，30 公里，不限时间，每 10 公里必须补给一次。

如果有条件，最好能每周进行一次核心肌群的训练，增加肌肉的力量，提升肌体能力。肌肉力量、肌耐力和柔韧度是肌肉能力的三大要素，有强健的肌肉才能给关节和骨骼安全的保障。另外，一年的系统训练也会提高你的心肺功能，让你能安全驾驭马拉松，避免伤病。

## 全马装备

作为全马跑者，你要更加挑剔自己的装备。有些跑者认为自己跑步多年，无论什么装备都能胜任，其实不然。一双精心挑选的跑鞋在它的使用寿命中可以让你跑步无忧，保护你不受伤病困扰；而一双不合脚的跑鞋可能会磨脚，形成水泡，水泡又可能会形成鸡眼，这些问题都会给你带来不必要的麻烦。一双跑鞋的里程寿命为600 ~ 800公里，与一生的运动习惯相比，保证穿着合适的跑鞋是科学的做法，不存在浪费。

一件好的速干衫既不会磨损你的肌肤，又能让你鹤立鸡群。现在的很多上衣都是修身型，跑者不会吝啬于展示自己的好身材。好的上装也让你区别于那些“光猪”，在健身房或户外随意裸露身体是不雅观的，除非你有令人欣羡的身材和万分得体的举止。

我们之前谈过压缩衣、压缩裤的功用，除了塑形，它们在促进血液流通、减少肌肉非主动运动、帮助肌肉恢复等方面都功不可没。另外，“工欲善其事，必先利其器”，对马拉松初跑者而言，那一层保护会给你更多的信心和安慰。

帽子经常会被忽略，但一顶专业的跑步帽功能可是很强大的。它顶部的混纺材质可以阻挡紫外线、排汗、保暖，内侧周边的导汗带则可以将汗液汇集到相对较低的帽檐，经帽檐底流走，从而减少汗流满面的情况。一旦脸上布满汗水，汗水中的盐分会令眼睛不适，也会刺激面部皮肤。跑步帽起到的保暖作用对跑者同样重要，一顶好的帽子制作工艺比速干衫还要复杂，成本也更高。

运动眼镜的种类很多。选择跑步眼镜时，要考虑到长时间的颠簸以及汗水的浸泡。因此，跑步眼镜对眼镜的重量、结构、坚固性，镜片的透光性、抗紫外线能力、防晕眩等方面都提出了较高的要求，很多看上去很美的时尚墨镜都不能胜任。Oakley、ASICS 都生产顶级的专业跑步眼镜，从鼻托、镜腿到镜片的形状，进行了特别设计，其镜片也有防紫外线、加强亮度的功能，特别是在昏暗光线下，可以让跑者有更好的视觉，看清路面和周围环境。

腰带和腰包当然也很不同。从训练的角度看，你的腰包需要装下钥匙、零钱、一部手机、3 ~ 4 个能量胶以及一瓶 300 毫升的饮料，因为在没有补给的道路上训练时，这都是你所需要的。比赛时，如果赛事组织水平高，你的成绩又在 4 小时 30 分钟内，你可以不必考虑带水的问题。对于速度较慢的跑者，或者参加组织水平不高的赛事时，就要考虑带上一瓶水，自己照顾自己了。跑者应该理解，一个全马赛事受天气、跑者的配速和完赛率的影响，各个水站配给的水很难做到万无一失。

北马在国内已经算是组织水平相当高的马拉松赛事了，但在 2015 年，由于气温在 12 点后升高较快，天气变得异常炎热，加上有些跑者浪费了很多整瓶的矿泉水，使 25 ~ 35 公里的水站出现了大面积缺水的情况。我推荐一款 Salomon 的运动水壶，它采用柔性材质，喝完后水瓶可以卷起来别在腰带上，从而释放双手。

## 训练补给

面对一周 50 公里的跑量，大多数跑者都要面临补给的挑战。随汗液流失的水分最容易补充，但钙、铁、钾等微量元素就有难度了。缺钙会造成骨质疏松，容易导致骨折、骨裂；流失的其他微量元素则会影响免疫力，造成频繁的感冒，还很容易让 40 岁以上的跑者出现皮肤过敏的问题。很多跑者没有补充微量元素的意识，结果造成长时间的训练无法带来强健体魄的困惑。跑者必须考虑每日对钙、多种维生素和微量元素的补充，我自己就曾在开始跑步 6 年左右，逐渐受到缺钙的困扰。你可以在各大药店、超市柜台买到钙片和善存，每天使用以确保体内各元素的平衡。你的身体，你自己照顾。

在补水方面，训练和比赛时的补水因人而异。但补水时要注意少喝和多喝，少喝指的是每次补水要少喝，多喝指的是要多次补水。如果一次性饮下 300 毫升以上的液体，你的身体是无法及时吸收的，还会造成胃部的负担和不适。日常训练中，每 8 ~ 10 公里，夏天每 5 公里，就要补水。人的大脑对身体信号的感知是有延迟的，当你感觉口渴时，你的身体已经脱水，这时才补水就容易饮水过量。所以训练和比赛前，就要像制订配速计划一样，制订补水计划。按计划行事，你就会慢慢产生惯性，最终形成习惯。时间长了，习惯就形成了保护，就不用再计划了，因为良好的习惯会帮你自觉地完成补水。

一场全马比赛中，能量胶、能量棒基本会提供 200 ~ 350 大卡的热量，为你补充糖、维生素、电解质等。它们胶状或液体的形态有利于身体的吸收，但身体对其中“能量”的吸收大约需要 10 ~ 15 分钟，所以你也要计划好何时使用能量胶。一般跑者带 4 个能量胶就够了，每个能量胶有 100 大卡左右的热量，分别在 10 公里、20 公里、30 公里和 38 公里时使用。能量胶除了给跑者提供一定的能量补充、减少饥饿感，还有较大的心理安慰作用。其实每个人的吸收能力不同，跑者由于常年训练和运动，又具有比一般人更高的代谢率和吸收能力，但即使如此，我也一直暗自怀疑每次吃下去的能量胶到底给了自己多少帮助。

平常训练时，请记住你在多少公里时感觉最累、需要补给，这样就可以在补水的同时补充能量胶，而且最好是在这种感觉到来前 3 公里左右进行补充。有了能量胶，你就不需要补充盐丸了。有的盐丸不是缓释胶囊包装，会造成口渴的感觉，扰乱你的大脑获取身体的信号，造成过量补水。

资深的跑者能“听”到身体的声音。当你跑步时，你的身体会和你“说话”。刚开始跑步时，你可能因为不了解、也不懂得“听”而“听”不见，但经过长时间的磨合，你会慢慢开始了解自己的身体。

我在刚开始跑步训练时，经常是从三公里时开始，脚、腿、腰腹、肩颈……一路疼，一个关节接一个关节地抱怨："哎呀！""疼啊！""不能跑啦！"然后内脏也来报到，心、肝、脾、肺，我能叫上名字的轮番上阵。刚开始跑，速度慢、强度低，你大可冷漠一些，你的身体肌肉、关节、骨骼、内脏都没适应剧烈运动，有些抱怨是理所应当的。但跑步几年之后，对身体的疼痛信号你就要格外小心了。资深跑者的关节疼痛可能是由运动量过大、预热不够或者肌肉力量不足带来的。

对于身体的每一个信号，你都要想一下是什么原因。身体的信号是你了解自身能力的重要信息来源，如果你不理解，可以找跑友沟通、多问或上网搜索，对身体千万不能马虎。

## 你的首马选择

请尽可能在家门口完成你的首马。在熟悉的城市，在检录、存包、补给等事项上，你可以把控更多。如果可能，可以请你的家人和朋友在 30 ~ 35 公里处给你提供"私补"，他们的祝福、场内场外的鼓励会给你更多动力，如果你试过，就会懂的。

如果你的家乡没有马拉松赛事，你就得考虑异地参赛了。田协认证的金牌赛事，如北京马拉松、上海马拉松（上马）、杭州马拉松（杭马）、厦门马拉松（厦马）、兰州马拉松（兰马）等都是一票难求。这些赛事都组织得力、赛事服务专业、救护能力一流，应该尽量争取一下名额。还可以通过网络了解其他跑友对全马参赛经历的分享，初次跑马者要多看多学。万一没有报上金牌赛事，其他的选择就需要更用心地做准备。

金牌赛事各有特点，例如广州马拉松，它的挑战在于天气热、湿度高。如果你能适应广州的气温（30 度）、湿度（80%），就能轻松驾驭杭州马拉松和上海马拉松。对于北方跑者，除了北京马拉松，还可以尝试一下兰州马拉松，看看 1 600 米海拔的亚高原对你心肺能力的提升是否有帮助。另外，6 月的兰州阳光充足、湿度较低，非常适合北方跑者的发挥。

当你确定了首马之后，就需要找一位配速员或陪跑者，这绝对是考验人品的时候。你可能碰不到几位能和你一同完成全马的朋友，配速、身体情况、对完赛目标的追求等，都考验着两人能否“配对”成功。

你也可以请一位资深跑者带着你跑，他有经验，知道观察你的“脸色”，懂得听你的呼吸和步伐，还会看你肌肉的疲劳程度。有一位资深跑者在身边，也可以在你抽筋时帮你拉伸，甚至在你出现意外时，第一时间给你关键的救助。但对有这么多经验的跑者来说，他平日努力训练，是希望在比赛中刷新个人的最佳成绩；但陪你完成全马时，为了照顾你的能力，就必须放弃他的计划、牺牲他的速度，还要按你的需要调整补给、休息，甚至可能陪你中途放弃比赛。一个好的跑者知道配速员、陪跑者的责任。如果一位有经验的跑者可以在 4 小时内完赛，那么陪同一位 4 小时 30 分钟的跑者比赛，无疑意味着更多的努力和艰辛。

好的陪跑者大多时候跑在你旁边，这样可以观察你的脸色，听你的呼吸；他可能在一段时间内跑在你身后，观察你的脚步、脚部肌肉发力和腰肩部的情况；他也会暂时跑到你前面，给你目标，带领你迎头赶上。

一个有心的初马跑者会对此心存感激。我本人被大神带跑、陪跑，完成了北马、厦马、兰马、东京马拉松，随后转而成为别人的陪跑者。我曾经带初跑者完成全马，帮其他跑者创造 PB，也曾强迫跑友降速、休息、改跑为走，从而安全完赛。我还没有劝退过任何一名初马跑者，尽管我一直为此准备着，毕竟健康快乐地跑一辈子比完成任何一次马拉松重要一万倍！我在此提醒跑友，好的陪跑人知道何时让你坚持，何时劝你放弃。

借此机会感谢老黄，陪我完成北马、厦马和东京马拉松（东马）；感谢帅克，陪我完成兰马，你们指引了我的马拉松之路；也要感谢谢博士鼓励我挑战马拉松。

## 赛前准备

对于已经经历过 10 公里跑、半程马拉松比赛，训练时间在两年以上的跑者，可以提前三个月报名你的首马。三个月的时间足够让自己的身体、精神都做好准备，从而不打无准备之仗。三个月内，你可以跑 600 公里，每周至少跑一次 30 公里以上的 LSD。三个月中，你可以注意调整饮食、控制体重，学会适应 30 公里后的各种酸楚，学会赛后拉伸、排酸，注意适应不同的温度、湿度。

你还可以尝试雨中跑、晨跑和正午阳光下的训练，因为你要参加的比赛基本都有早晨的凉意和中午的暴晒，下雨更是常事。2012 年的北马和 2013 年的上马就是在雨中进行的。你需要适应身体被淋湿和双脚湿滑着奔跑的感觉，还需要准备帽子、防水外套等特别装备。

赛前一个月内，你需要完成以下几件事：

- 和你首马的陪跑者一起完成一次 30 公里的 LSD，和他分享你的心得、身体反应和对速度的期许；
- 制订一个体重保持计划，因为最后一个月如果减重，对身体影响太大；
- 置备参赛的新装备，你的首马要有利器；
- 穿着新跑鞋至少跑 100 公里；
- 穿着所有比赛日的着装至少跑 50 公里。

赛前一周，你需要降低训练强度。你可以一周跑三次，但都不要超过 10 公里。比赛前一天，不要跑超过 5 公里。

这样，你就基本准备好了！赛前，不要吃你不熟悉的食物，不要感冒，不要喝大酒，其他可以一切照旧。比赛前一天，晚饭以容易消化的碳水化合物为主，比如米面。晚餐可以早一些吃，这样第二天一早出发前，你可以尽可能地排掉晚餐代谢后的废物，轻装上阵。国外的马拉松都会在比赛前一天晚上搞个面条聚会（Pasta Party），让选手补充碳水化合物，以供第二天消耗。

碳水化合物会分解成糖原，供比赛消耗。消耗完糖原后，身体需要燃烧脂肪，提供你奔跑的能量。由于马拉松距离长、时间长，消耗的脂肪会大大增加内脏的代谢负担。脂肪燃烧后产生的二氧化碳和水可以经呼吸和出汗排放掉，但产生的其他有机废料就要靠你的肝、肾、脾等脏器过滤了，所以赛前忌酒，这样能减轻内脏的负担，更能保障安全完赛。

对于心理素质较好的人，首马前夜能充分休息。但也有跑者会辗转难眠，影响到第二天的比赛。无论你的心理素质如何，我都建议你就寝前收拾好第二天的装备。之前说过参赛时不要让新装备上身，但如果有原因让你一定要穿赞助商的运动短袖，你可以先水洗一下，这样能增加短袖的舒适度，还能防止掉色；你也可以在短袖里面穿压缩衣，防止新短袖的面料磨伤胸部。这些装备会与你有 4 个多小时的“亲密接触”，必须小心对待。另外，挂号码布时，注意别针的位置最好在胸部下方，从而防止磨损胸部。

把第二天的装备依次摆好，拍照，发微博、微信后，你就可以躺进被窝开始数羊了。

## 参赛马拉松

通常，马拉松比赛会从发枪前两个小时开始检录。你要确保在发枪前给自己足够的时间，从容检录存包。对于像北马、上马这种有三万人以上参加的大型赛事，提前两小时到场是必要的，较小规模的赛事也要至少提前一小时。充足的时间让你心情平和，有足够的时间热身，让身体和思想都做好准备。

出发前要注意保暖，跑完后更要注意保暖。你需要带一件防风的外套，放在背包里存上。对于像东京马拉松这种春季赛事，就要考虑更多。东马在每年 2 月份的第一个周末举行，气温通常是清晨 2 ~ 6 度，中午则会达到 10 度。因为要在两三度的气温里等上一小时，甚至更长时间，所以你要做好保暖；同时你又不能穿着太厚重的外套跑 4 小时，这时你有几个选择：

- 穿一件一次性雨衣，用于遮风挡雨，开跑后就抛弃；同时存一件外套，跑完后保暖；
- 全程穿一件防雨跑步外套，又保暖又轻便；
- 出发前冻上两小时，但存一件外套，跑完后保暖。

一次性雨衣不美观，但经济实用。在清晨的风中冻上两小时，这可不是闹着玩的。不少跑者穿得少，但为了保暖，在寒风中不断跳跃、拉伸，没跑就消耗了大半体力。如果发枪前心率就有 130 次 / 分钟，一定不会取得惊喜的成绩。我通常的选择是一件防雨外套，既轻便又保暖（因为不透气），跑热了，脱下来团在手里即可。

存包后，你要找到你的出发区域。大型马拉松比赛中，你的号码会指引你到你的出发区域。出发区域是按报名成绩安排的，你要遵守按区域出发的原则，混在更快的跑者区域出发可能会在前几公里完全破坏你的配速计划。现在大部分马拉松都采用芯片计时，每个人都有自己的净成绩，实在没必要硬挤到前面的出发区域。晚到后向前硬挤、不按分区出发，都不是一个优秀跑者该有的行为。

如果你参加的马拉松是不按分区出发，或是各种距离同时出发，你就要小心了。在出发时，你可能会被从后面不管不顾冲上来的 10 公里选手绊倒；也可能被一群毫无经验的菜鸟干扰，配速一上来就被打乱。成熟赛事中，你的出发区里都是和你成绩相当的跑者，大多数好的跑者在前几公里都是匀速前行，让身体渐热，从而保证后面的体力，这样就不会出现上面的问题了。

万一你发现你身处高速人流之中，注意伸手示意，慢慢移动到两边的慢速区。马拉松是自己和自己的比赛，让别人去快吧，不要盲目追求速度，这样会增加自己受伤的风险。当你有配速员、陪跑者时，你可以多和他交流：10 公里、20 公里时，你的感觉如何；何时进补给站；何时要减速……和陪跑者一起跑，你是核心，完全可以按你的情况来调整，让自己顺利地完成首马。

我在 2013 年参加兰州马拉松时，有幸请到帅克老师做配速员。帅克老师是圈中出名的技术型跑者，强调技术动作、训练方法和训练的科学性。他的全马成绩都在 3 小时 50 分以内。兰州的海拔有 1 600 多米，赛道的海拔在 1 520 ~ 1 640 米。高海拔对我的比赛状态产生了影响，加上当天气温在 11 点达到了 34 度，我从 20 公里后就开始有疲惫感，32 公里后掉速明显。帅克老师在对我进行各种鼓励、激励无效后，毅然决定陪我龟速完成全马，4 小时 23 分是我第一个兰马的成绩，也破了帅克老师 4 小时以内完成全马的金身！但是，安全完赛比什么都重要，大不了下次再来！

我通常会带 4 个能量胶，在 10 公里、20 公里、30 公里和 38 公里左右使用。10 公里开始补水，10 公里后每 5 公里补充运动饮料，每次大约 100 毫升，即半杯的量。补水时，你可以找个人少的地方停下，喝完再跑，给自己一个短暂的休息；也可使用途中跑补水的方法：用手指抓住杯口，将杯口捏住，形成眼镜形状，从一侧饮水，饮水时把水含在口中，按照呼吸节奏，一点一点喝下，喝完后再这样喝第二口、第三口，直到将半杯水喝完。跑动中喝水太快，容易呛到，得不偿失。

你的计划，尤其是配速计划往往赶不上变化。周围跑者的速度、观众的热情、你的兴奋点等，都会干扰原先的配速计划。但是你必须自律，在前 30 公里尽量保持配速和体力。跑者都知道，真正的全马较量是从 30 公里开始的，这最后 12 公里往往决定你的成绩以及是否能顺利完赛。

我的第二个全马是 2013 年的厦门马拉松。美丽的赛道、悦人的气候、热情的观众使我精神百倍，过早兴奋，2 小时 48 分就完成了 30 公里。我心中大喜，当时觉得剩下的 12 公里正好能在 1 小时 12 分内完成，这样全马成绩进 4 有望。然后，我在 36 公里处抽筋、体力耗尽，只能在厦门 1 月的海风中痛苦地蹒跚前行，4 小时 48 分才完赛，败走厦门！一年后的“复仇跑”，我就乖多了，2 小时 58 分完成 30 公里，4 小时 16 分完赛。

柏林马拉松完赛后与赛道合影。

通常跑到 40 公里时，你就基本已经拿下这个全马了，只要在最后 2 公里不过度加速造成抽筋，你的首马应该能顺利成功。那时，你可能就会开始想如何冲线，如何留影；会开始回忆你过去几年的艰辛训练，为自己感动。注意力转移后，你就不会关注到肌肉的酸痛了；观众的喝彩、终点的歌舞喧天，都能帮你完成这最后的距离。

大多数跑友赛后都筋疲力尽，不再进行拉伸了。但其实简单的拉伸既可以帮你恢复，又能让你加倍记忆跑完的肌肉酸爽，为什么不试试呢？

完赛后一小时，你可以开始进食了。基本上除了酒精，你可以吃任何想吃的东西，因为你的身体需要补充能量。而且，这一顿下去时，你的肠胃还处在几小时剧烈运动后的恢复过程中，能吸收的有限，你大可不必顾虑太多。

有条件的跑者完赛后可以去按摩放松，帮助排酸和恢复。对绝大多数初马跑者来说，第二天的上下楼会成为难点，按摩是被动的排酸，能帮助跑者快速恢复。

至于第二天的排酸跑，就需要一点毅力了。排酸跑是指长距离比赛后为了缓解肌肉的酸痛而进行的放松慢跑。肌肉的痛感通常被解释为在大量运动过程中肌肉受伤而经历代谢的自我修复过程。对于资深跑者，第二天就可以自然恢复，排酸跑不在话下，对于初马跑者就不一样了。用 8 分钟一公里左右的配速，进行 5 公里的排酸跑是我的习惯。排酸跑的速度和距离因人而异，通常可以设为你平时配速的 70% 和一个你能接受的轻松距离。

配合排酸跑的是恢复期的饮食和休息，由于在全马过程中流失了大量的蛋白质和微量元素，如钙和钾，你要在赛后一周内逐步补充上述物质。你可以摄入善存、钙片，以及高蛋白、低脂的食物，例如牛肉、坚果、菠菜、鱼类和奶制品。

赛后两周都是休息的恢复期。你可以在保证睡眠充足的情况下，来一个恢复性训练计划，如下表。

**表 9-1　　赛后两周恢复性训练计划**

| | 时间 | 运动 | 距离（单位：公里） |
|---|---|---|---|
| 第一周 | | | |
| | 周一 | 排酸慢跑 | 5 |
| | 周三 | 慢跑 | 5 |
| | 周六 | 慢跑 | 10 |
| 第二周 | | | |
| | 周一 | 慢跑 | 10 |
| | 周四 | 慢跑 | 10 |
| | 周日 | 慢跑 | 5 |

两周后，你又可以开始你的正常训练了，随着你的训练水平和能力的提升，你的恢复期会变短，赛后的不适感也会减轻。

2014 年，由于北马的临时改期，我不得不面对 15 天内参加三场比赛的局面。于是，我在第一个周日以 4 小时 20 分完成杭州马拉松，第二个周日以 1 小时 48 分完成北马半程，第三个周日以 4 小时 19 分完成上海马拉松。希望以后不会再有这种经历！

为了纪念首马，你可以发个长微博。其实写微博对我而言不是给别人看，而是为了能在若干年后重温自己经历过的、享受过的、感悟过的东西。文字有魔力，能瞬间把你带回当时的心境和情绪中去。作为一种寄托，可以把你的号码布和完赛奖牌用相框装点起来，时时提醒自己：我能做到，我做到了！

## 城市举办马拉松赛事的十大理由

这几年因为工作的关系，我接触过不下20个城市的体育局负责人。谈到城市马拉松，局长和书记们都给了非常精彩的回答，借这些体育官员的思考，我们来讨论一下一个城市为什么要办马拉松。

### 1. 作为城市名片

一个城市如果举办马拉松赛事，能够利用赛道来展示城市风光、名胜古迹、现代城市地标……马拉松赛道是宣传城市的舞台，马拉松转播是传播城市风采的窗口。

### 2. 展示人文特点

通过马拉松赛事，可以带来游客，从而把城市的美食、餐饮特色印入他们的脑海，使这些文化口口相传。与城市相关的名人、民风民俗、文化特点也能随着跑者的记忆，传遍祖国的各个角落。

### 3. 促进民间交流

来自全国乃至海外的跑者带给城市经济利益的同时，也带来不同的文化风俗，让赛事举办城市的民众能足不出户地领略不同的文化、习俗和思维。异地跑团之间的交流尤为重要，他们因跑结缘，以跑会友。

### 4. 普及运动习惯

举办马拉松的城市并不一定就是马拉松城市。马拉松赛事将会深刻影响城市居民，带动和鼓励市民加入跑步、健身等体育运动的行列，让城市因跑步而充满活力，让跑者给城市增添靓丽的风景。我们无法认同一个在清晨没有跑者装点的城市能拥有一张马拉松的城市名片。

### 5. 促进城市文明建设

跑步让更多的市民关注他们所居住的环境，关注城市绿地建设，以及城市污染治理。用双脚认识城市的跑者会更关心城市街道的整洁、垃圾处理、水污染等户外环境问题，因为跑者需要良好的环境支撑自己的运动习惯和爱好。市民的关注和参与是城市文明建设的原动力。

### 6. 增强人民体质

在经济和社会相对发达的欧美国家，运动人口的比重和健康状况均优于其他欠发达地区。日本有近 200 万人能够完成全马，保持每周运动习惯的人更是超过 1 500 万。跑步对危害人类健康的三高——高血糖、高血脂、高胆固醇有明显的改善作用，通过跑步能提升心肺功能和提高生活质量已经成为不争的事实。

### 7. 提升政府官员形象

很多举办马拉松的城市的官员已经认识到跑步对城市的意义，并开始身体力行地参与跑步。政府官员工作压力大、应酬多，身体超负荷运转现象非常普遍，通过跑步能缓解压力、提高体质，跑小了腰围，跑近了和市民的关系。克林顿、小布什、奥巴马，这三任美国总统都是跑步爱好者，期待中国涌现更多的马拉松市长、书记。

### 8. 推动经济发展

2015 年的北京马拉松吸引了 30 000 多名跑者，其中外地和外国跑者占 52%。数量超过 15 000 的个人或家庭造访北京，他们在游览天安门、长安街和奥体公园的同时，为北京带来了巨大的经济利益。

### 9. 培养城市自豪感

一个关注体育运动的市民除了能在支持本城市足球队时，用破口大骂对手球队来表示自己对家乡的爱以外，还能做什么？就像北马刷了北京的朋友圈一样，随后的上马也霸气占据了上海人的生活。一个没有马拉松的城市就像一个没有记忆的旅者，木然前行，孑然一身，一无所有。

### 10. 上新浪体育，让全国看到。

大A随笔

## 我能做到！

我的首马属于北京马拉松。2000 年接触跑步后，我就一直让跑步和跑马拉松泾渭分明。跑步是一种运动，是减轻和控制体重的好方法，而跑马拉松就是另外一个世界的事物了。我没有想过要完成 42.195 公里，因为觉得没有理由，也没有必要。跑步多年，我都是在 10 公里左右的距离徘徊。

由于当年在惠普总部工作，我参加过三年的 HP Up and Running 10 公里城市赛，46 分 38 秒是我当年的 10 公里 PB。我那时训练的跑道也是 10 公里，要不是后来参加了在山景城（Mountain View）的海岸线 10 英里（16 公里）比赛，我的训练也不会超过 10 公里。后来断断续续地参加 10 英里比赛，我才逐渐展开 15 公里甚至 20 公里的训练。说实在的，对我而言，跑 20 公里其实和 10 公里感觉差不多，没有辛苦太多，体重也没有下降多少。

尽管如此，42.195 公里的马拉松也从来没有出现在我的脑海中，我也从来没有把自己和马拉松跑者联系起来。我甚至觉得，跑马拉松的人一定是脑袋哪里坏掉了、短路了，否则为什么要这么折磨自己、虐待自己，一跑就是 4 个多小时呢？为了什么？世界和平，还是治愈癌症？简直是不可思议！所以当时的想法是作为一个正常人，我是不会跑马拉松的。

2005年年底，我回到北京，开始在朝阳公园跑步。沿着朝阳公园跑一圈是9公里，如果要凑足10公里，就要多绕到西门的几个角落才成。就这样，我和跑步又相安无事地和平共处了几年，直到我碰上了谢博士。谢博士是国内为数不多的在美国修体育管理且第一个获得博士学位的人。她比我晚几年回国，是资深的马拉松运动推广者。

认识谢博士是因为我的一位媒体朋友写了一篇关于我跑步的文章，谢博士看到后，找到我约了一次跑步和专访。于是2010年夏天的一个早晨，我们约在朝阳公园，跑完10公里后，坐下来聊一聊跑步。当时谢博士在翻译跑步的书，也写些专栏，但那时国内的跑步氛围远不及现在这般火爆，我猜她实在是找不到跑者，尤其是高管跑者，所以才找到了我，让我有机会认识她。共同的美国留学、工作和生活经历让我们一见如故，对跑步的热爱和执着又让我们相见恨晚。

采访结束时，她问了一个我不曾准备的问题：为什么不跑马拉松？因为知道她是一位马拉松跑者，所以我实在不忍心说出脑子短路和其他更具杀伤力的话。而且我当时已经参加过两年的北马半程，PB是1小时47分钟，我有资格说："能跑半程就足够了……"但谢博士是一位非常善于鼓励和坚持的人，她曾经是专业的速度滑冰运动员，因伤退役后赴美求学，直到拿下博士学位。自此以后，她几乎每次见我都会问我何时跑马拉松，就像现在 85 后的老妈，每次见面问儿女啥时候结婚一样。之后的岁月里，如果我对跑步事业能有所贡献，那么有一多半都应感谢谢博士当时的执着。

说来奇怪，2010 年那个遇见谢博士的夏天之后，我身边的一些朋友陆续体验了初马。而我始终没有屈服、松口，更没有奢望能完成马拉松。我坚守在半马的世界里，任全马一个一个从身边滑过。

一年后，2011 年的北马，这本应是我的第三个北马半程。由于工作关系，我整个 2011 年的夏天都在出差，但报名参加跑步比赛从来都不是问题，北马什么时候报满过呀？事实证明，我真是大意了。8 月，报名开始后的一周，我回到北京，登录报名系统，居然发现半马名额已满，于是犹豫片刻后报了全马，想着到时候半马完赛就行。后来，没想到大家都劝我跑个全马，理由很简单，我跑了 10 多年，训练又系统，完成全马应该是不成问题的。

2008 年北京奥运会后，奥森就对外开放了。当时只有南园有铺好的柏油路，一圈 5.3 公里，北园的部分道路还没完工。至于指路标记、公里数、喷涂的跑道、商店、存衣处，以及一众态度傲慢的保安，都是几年后的事了。第一次进奥森跑步时，我激动得手足无措，北京居然还有这等地广人稀且不收费的公园？我登时觉得每年在北京交的税银值了，作为北京人终于能抬起头了。

那会儿，跑一圈下来，别说见人，连狗都没一只。后来，慢慢能"撞"上游人，但跑者绝对是稀有动物。所以一旦遇上，我都要仔细打量一下，心中寻思，哪里来的“傻子”呀？发现对方也在注意自己后，只好羞涩地招招手，问声好。擦肩而过时，还会收敛呼吸，绝不能让对方察觉我的疲惫。跑得多了，奥森的一草一木就都了然于心了。这不是吹牛，因为当时北园真的没什么草木。后来，奥森日渐热闹，这可能也是造成日后北马一票难求的原因之一吧。

报完名后，我想着，算了，既然报了全马，那就试试吧。8 月份从玉珠峰冒险回来后，我的心率就一直不正常，经常在 80 次 / 分钟左右，比去登山之前快了 20 多次，所以每次训练都有点不知所措。时刻能感觉到自己的心脏在工作实在不是什么好玩的事，碰到任何人，心都是一通乱跳，这困惑，你不懂呀。但是因为要参加北马，我在 9 月份开始把周跑量提升到 50 公里，一周跑三次，其中两次 10 公里，一次 30 公里。所以，9 月的每个周日，早上 6 点，我就会在奥森南门开始我的北马长距离训练。

我知道，北马之前，我必须完成几次 30 公里的 LSD，才能告诉我的身体：你要跑马拉松了，准备好呀。我想着平时跑过 20 公里，30 公里不就是多了 10 公里吗，而马拉松，也只是再多一点而已。战略上可以藐视马拉松，但战术上必须重视。第一次 30 公里在 9 月的一个清晨 6 点静静地开始了。第一个 10 公里都是在满脑子的各种想法中完成的，中间几次想停下来，打个电话、发条信息，把想起来的工作、生活的林林总总都安排好。但又一想，算了，太早了，以后再说吧。第二个 10 公里，觉得头脑里的繁杂都随着汗水一点一点流走，身体渐渐从紧到松。15 公里后，不自觉地加快了配速，一身轻松，神清气爽，不知不觉中，消耗了下一个 10 公里的精力和体力。

第三个 10 公里开始，我才真正体验到跑步的艰苦。好像突然之间，双腿被灌了铅，举步维艰。25 公里之后，所有的思绪都涌向了一个方向：怎么还不完呀？身体的各个零件开始向我轮番抱怨，由下到上，由内到外。阳光从明媚转成刺目，风景从眼前悄悄溜走。我想起很多资深跑者说的，马拉松是从 30 公里之后才开始的，就更没了气力。浑浑噩噩中，奥森南门终于以龟行的速度向我靠近了。看看时间，2 小时 52 分，可我觉得仿佛过了 4 个小时。而真正的全马赛道，还在几周之外呐！

感谢我的几位跑友，陪我渡过了北马前最艰苦的一段训练时光。时间越靠近北马，我却越来越没有信心。我想跑一次 40 公里，体验一下马拉松的感觉，却每次在 30 公里后，没了勇气和力气。还好我的体重随着跑量的上升被很好地控制了，登山造成的心跳过速的问题也得到了一些缓解。北马，就这样在我的忐忑中到来了。

10 月 15 日，北马前夜，本以为会辗转难眠的我居然睡得很好。可能是前一段时间训练累了，现在反而放松了。晚上，我就把第二天需要的装备都准备好了，所有的贴身衣物都是之前穿着跑过至少 100 公里的，我可不想在 30 公里后发现胸部磨或者痒，成为胸前拖着两条“红鼻涕”的“头条哥”，我要全神贯注、心无旁骛地面对我的首马。脚上的 ASICS NIMBUS 13 也跟我跑了近 200 公里了。天气预报明天是晴天，我可以戴上墨镜，这样万一跑不下来，或者形象惨烈，别人也不知道我是谁呀。能量胶带了 4 条，每 10 公里一条，最后一条留给冲刺。看过了所有的装备，我在心中默念：明天，靠你们了。

10 月 16 日，6:30。按照约定，我和跑友老黄在天安门广场相遇。安检，检录，存包，找到出发区。离 8 点出发还早，我们的一切程序都很顺利，按部就班。老黄开始嘱咐我一些赛道和补水的细节，他已经跑过三个全马，这次要带着我跑。当时，我还不太清楚带人跑马需要付出什么，只是从自己的角度想，有个有经验的跑者能照顾自己，这很不错。后来当我完成了 6 个马拉松，训练水平有大的提升，开始帮助别人完成全马时，才明白陪跑意味着什么。

老黄在陪我完成北马后，又陪我跑过厦门马拉松、东京马拉松。我的好友于嘉曾说，有一个陪你跑全马的朋友是一生的福报。谢谢老黄！

7 点半开始热身操，我跟着节奏活动身体，尽量让自己保持平静。

出发的细节记不清了，只记得满地的垃圾、塑料雨衣和空瓶子，还有几百位在中南海红砖墙下小便的跑友。我总怀疑他们是故意的，跑北马就是要去中南海撒泡尿。

补充了两个能量胶后，我到了中关村，配速 6 分 15 秒一公里，感觉轻松，无疲惫感。初马前，我下定决心，要跑着完成，一步都不走。于是就连到了水站，我也是跑进跑出。

一步不走，即使在北四环的桥上；一步不走，即使在高高低低的奥森。39 公里处，我留下了初马的唯一一张照片。我早不记得什么 30 公里之后才是马拉松的说法了，因为早已不记得了。我应该没有抽筋，否则会记得。应该有感动吧，但是没有泪水，真太渴了，身体里没有水了。

更大的遗憾是，我对冲刺、过线、领牌、拿证书都不记得了。要不是成绩证书上写着 4 小时 29 分 50 秒，我都不知道我的首马进了 430。可是，我清楚地记得，第二天我有一个外部演讲，地点在王府井的一家酒店，走向大宴会厅的路上有十几个台阶，在台阶上，我居然休息了两次，不是因为累，而是因为肌肉的酸楚。那种刻骨铭心的酸楚让我记到今日。回来时，上台阶变成下台阶，我竟然休息了4次，这个经历可以记到下辈子了。

我的首马就这样在不知不觉中过去了，有点不堪回首。讽刺的是，如果说首马就像跑者的成人礼，那我连成人礼都不记得了。

**2015年3月，于北京**

lenovo

00238

100
100
190

A RUNNER'S
WORLD
IS NOT SIMPLE
BUT A PLACE
OF SIMPLICITY.

我们只是爱跑步的平凡人。
跑步给了我们很多，
但不可能是全部。
跑步是一种修行，
生活中又何止一种修行。
与所有的跑者共勉！

# 10

# 跑步时，世界是我的

## 跑步之上

# 跑得越远，离自己越近

我的朋友
毛大庆
优客工场、
共享际创始人

生活在北京这种城市，最希望的是找到一件能留白的事。人生没有留白是非常悲剧的，每一次享受马拉松，我就能找到4小时的留白——不接手机，脑袋里什么事情也不想。有的就是跑步，就是往前看，看眼前的风景。

我曾因抑郁症而跑步，通过跑步把抑郁症治好了。后来，我也碰到了相当多同样因跑步治好抑郁症的案例。台湾有个女孩叫欧阳靖，写过很多书，她曾经是一个重度抑郁症患者，状态非常糟糕。她现在是台湾年轻人里的偶像派人物，做短片、做电影、做音乐，是一个非常阳光积极的女孩。三年前的台湾马拉松，我有幸和她同跑，充分感受到了治好抑郁症后产生的向上力量。这些案例更加坚定了我的认识。

现在谈论抑郁症的人很多，但实际上很多人得的是焦虑症，焦虑症又分很多级，然后才是抑郁症。焦虑非常普遍，城市生活压力大、节奏快，人跟人交流的方式变得碎片化、快餐式，大家一天到晚都活在微信朋友圈里。生活空间、生活节奏、生活方式以及压力的变化，使得健康问题变得比任何时期都严峻。这些年，我没少见到得抑郁症的人。抑郁症患者有一个共同特征，最严重的时候会自杀，可以说，抑郁症是很有杀伤力的。抑郁症刚开始不易发觉，经常被人解读成不高兴、身体状态不好或者内分泌失调等。

我自己从事房地产行业 20 多年，常年处在高节奏、高压力的工作状态里，毕竟，一个房地产项目的盘子那么大，一旦出问题就是大问题，社会关联度又极高。

回想我的经历，其中有太多故事，饱含悲欢离合、人间冷暖，这让我对社会各种各样的问题感到无比纠结，这样导致我最终的状态是什么样呢？

我整晚睡不着，半夜眼睛瞪得灯泡那么大，白天混混沌沌，感觉很困。之后，我就表现出了极多的负面情绪，被折磨得一塌糊涂……

我很感谢的是，在这个过程之中碰到了几个很好玩的教练，他们是跑步爱好者，像田同生、王乐，其中还有一部分人是靠跑步活着的。他们发现像我这样有跑步动机的人后，就像逮着了猎物一样。靠跑步活着的教练逮着一两个但凡还有点社会号召力的人，是坚决不会放过的，于是他们就“绑架”着我，给我买鞋、买衣服，把我伺候得好好的，说礼拜六到我家来接我，我也不用跑，到奥森里面遛遛弯就可以了。总之，就是各种“勾引”，使用各种手法，还带动我的员工周末去跑步。

跑步之前，我从来没有进过奥森。进去一看，北京居然还有这样的地儿啊，跟老头儿、老太太一起走走，感觉不错。一开始，我先是走，认识了一伙儿房地产圈的朋友，然后礼拜六、礼拜天大伙儿一起快走。

慢慢地，热心的教练开始带着我跑，一开始是 800 米，然后是 1 000 米、2 000 米。奥森南园一圈有 5 公里，我在这 5 公里歇 4 次，跑跑走走，一堆人跟着我。接着，我 5 公里就歇一次，然后能 5 公里连贯跑下来。那时，我觉得我的人生实在太伟大了，这简直是想象不到的。我曾经中考加试 800 米不及格，即使考了高分也没用，没能上清华附中，结果现在居然能够跑 5 公里了！人很多时候并没有完全认识自己。

我也能跑5公里了？这不得了，于是乎晚上一个人又去跑，我想看看我一个人的时候能不能跑5公里。结果，我真的跑了下来，这下上瘾了，40多岁了还能跑5公里，感觉自己掌握了一项能力。我上瘾到什么程度呢？当时为了满足感，我天天晚上跑5公里，就是为了证明自己真能跑下来。一开始连做梦都想不到的事情，第二次、第三次、第四次、第五次完成……每次都觉得自己太牛了。

不知不觉中，人一下子就快乐了。于是我就和教练们分享，然后尝试跑10公里，在奥森跑“8”字形。一开始，中间也会休息两次，但远没有练5公里的时间长。两个礼拜后，在完全没有感觉的情况下就能跑10公里了。这个时候的感觉是势如破竹，每天都要来10公里，周末清晨10公里跑完后才6点多，洗个澡，一天心情好极了。我好像得了“跑步病”，老想着跑步。

最狂热的那一年，我都佩服自己，冬天无论零下多少度，是下着大雪，还是刮着大风，都没有一次中断。早晨5点半起来，周围一片漆黑，只有路灯亮着，跑进奥森里边，地上全是雪，周围就我一个人。天亮时，跑到20公里，帽子耳朵边上都是冰柱子。那时远远看见又来一个人时，感觉特别好，虽然完全不认识，但是心里是有对话的。

从这开始，我走上了半马、全马的赛道，现在居然成为了马拉松的推广者。

当然，长跑有很多技巧，不能乱跑，比如对膝盖的保护。我现在跑了28个全马，跑了多少个半马记不清楚了，跑到今天，我没有一点运动伤害，当然是因为有教练告诉我应该怎么练。我没有任何一次退赛，也没有撞墙过，但也没有追求过成绩。

马拉松有一些特征，它是你自己的运动，你不用跟任何人攀比，也不用伙伴。有人说越跑越抑郁，我觉得是越跑越能看到自己。远离抑郁，最终是要看清楚自己是谁。

跑得越远，离自己越近，因为你看清楚了你自己。你不会特别在意莫名其妙、无关紧要的事，因为你会觉得世界很简单，就在你脚下，你可以控制的是你的双脚，你可以选择跑得快，还是跑得慢。你可以享受自己的心跳，掌握自己的节奏。

对话
欧阳靖

扫码观看大A与
台湾作家、演员及平面模特
欧阳靖的对话

## 跑步吧，与苦痛握手言和

2016年东京马拉松的赛场外，我见到了极具影响力的明星跑者、台湾演员及平面模特欧阳靖。虽然没能抽中参赛资格，但爱跑步的她还是来到现场为朋友们加油鼓劲。

接受我的客串采访时，镜头里的她扎着两条长长的可爱麻花辫，气色红润，带着甜甜的软糯的台湾口音。很难想象这样一位阳光女生，曾经在青少年时期因为暴食体重飙升至70多公斤，又因为厌食症在两个月内瘦了21公斤，后来罹患抑郁症的欧阳靖更陷入了黑暗痛苦的低潮期，一度想要用死来解脱。

她淡淡地仿佛在说着别人的故事：“青少年的时候身体不好，还得了很长一段时间的抑郁症。我觉得很没有自信，很忧郁，抬不起头。小时候依赖爸爸，但他很早就过世了，后来就依赖宠物。2011年左右，陪伴了

我 13 年的猫咪也过世了。”

“我的成长环境很特别，因为父母很有爱心，我的家里曾经养了 400 多只流浪狗，后来住在山边，家里有老鹰、飞鼠、猫头鹰、猪……小时候，我是跟动物一起长大的，这是很特别的经验。”只是，“家里”跟“外面的世界”之间的巨大鸿沟几乎要淹没无所适从的她。

幸运的是，欧阳靖没有消沉下去，她找到了走出困顿的钥匙。

因缘际会之下，在日本生活的前辈将跑步运动介绍给了前来当地短暂工作的她。欧阳靖也发现跑马在日本极为盛行，她说：“全世界马拉松前三的选手集中在肯尼亚、埃塞俄比亚和日本这三个国家。这让我很诧异，因为感觉日本人跟我们是一样的，都是黑头发黄皮肤，但他们跑得非常快。而且，那边的民众给马拉松运动很大的支持。”

“那个时候，我想我不能再这么依赖别人，我要变得坚强，要去完成一个很大的、一个过去的人生中自己不可能完成的挑战！我从小算是运动白痴，非常没有体育细胞，所以想要尝试长距离的跑步，在有生之年一定要完成 42.195 公里的马拉松。”很快，她就体会到了跑步的美妙之处。

“跑步是一项很神奇的运动，尤其是跑马拉松。跑马拉松的人不会去跟别人比较输赢，很神奇的是，任何人只要在完成长距离，不管是半马还是全马的赛事之后，都会有一个念头告诉自己，我好厉害，我完成了！像我青少年时期患抑郁症时，有个很明显的感觉，会拿自己跟别人去比较，比较自己哪里不如人。当我长跑之后，我发现，信心是自己给予自己的，不用去跟别人比较。”

平时就喜欢写作、爱幻想的欧阳靖，把自己的故事写进了《嗨，一起跑步吧！》。听说半年销量即破 7 万册，迄今仍是台湾最受欢迎的运动书。她说：“写小说和跑步是相互帮助的，比如日本的作家村上春树，他也写过关于跑马拉松

的书。写小说是长时间的创作，尤其是长篇小说，跑步可以锻炼耐力、意志力和突破‘撞墙点’的能力。后来，我写成书跟大家分享，是想要用我的能力去影响大家，让更多本来不跑步、不爱运动的人们，用跑步改变自己的生活。不管是抑郁症，还是心情失落，不管是面对学业还是工作生活，运动真的会改变你的想法。”

最近，她还把一句跟跑步相关的英文名言纹在了右手——The best pace is a suicidal pace and today looks like a perfect day to die！“它来自美国的传奇跑者史蒂夫·普雷方丹(Steve Prefontaine)，意思是‘最佳的配速就是毫无保留地往前跑’。如果是英文直译的话，就是‘最好的配速是自杀式的配速，而今天就是你死的好日子’。他还说过一句很有名的话，‘不拼尽全力，就是浪费天赋’。他是对我启发很大的跑者，把这句话纹在身上是为了时时告诉自己，一定要用尽全部的力量去完成每一场比赛。”

如今，跑步让欧阳靖走出阴霾，也让现在的她选择与过去的苦痛握手言和：“我经历过好多人生的低潮和起伏，但我很满意自己过去的人生。虽然有段日子过得很辛苦，可能别人也不喜欢我，但是过去的所有经验，才能够堆叠成我现在的快乐。人生就是要多去尝试各种事情，我也庆幸自己没有退却。”

接下来，作为跑者的她目标既单纯又伟大：跑遍全世界各式各样的有趣赛事，要去参加超级马拉松：“想去看更多的大山大水，对人生产生更多新的看法。”

“不管你之前认不认识我，都可以去看看我的改变。过去的我，很没有自信，觉得自己什么都做不好；现在的我已经完成了 11 场马拉松比赛；现在的我非常快乐，勇于尝试任何新鲜的事情，对人生充满着期待。连我都能跑了，你一定也可以，所以请离开椅子、站起来、换上跑鞋，开始跑出去，去享受全新的人生，踏上全新的跑道，你也会像我现在这么快乐。”真有点懊恼，没能早一点认识这位通过跑步迎来更美好生活的跑友。

专访

# 叶钊颖

羽毛球世界冠军、
YES 跑团创始人

## 跑团的公益梦想

2015 年 5 月，我去杭州参加“体育的力量”中国体育公益论坛，新老朋友汇聚一堂，其中就有羽毛球世界冠军叶钊颖。我们原本是在早餐时闲聊，没想到一发不可收拾，颇似张岱诗中所描绘的“一峰一高人，两人相与语。此地有西湖，勾留不肯去”的情景。话题从她当运动员时最痛恨跑步，到现在创建 YES 跑团；从每个人都可以跑，到强调跑步也有尊严……她的故事太精彩！我索性客串起记者来，与这位同道中人一起聊聊公益，聊聊跑步。

### 跑步，不是去冲刺

**大　A：**作为专业运动员，退役之后，叶子在体育圈一直非常活跃地推广运动的生活方式。我想问的是，刚退役时，您心态上是怎么转变的？

**叶钊颖：**退役后，我过了大概一年多完全跟运动队不一样的生活！晚上兴奋睡不着觉，早上起不来……彻底放松了，不想那么累，感觉终于解放了。

**大　A：**在当运动员时，您最不喜欢的是什么？

**叶钊颖：** 跑步啊！那时的跑步有两种，耐力跑和冲 400 米的变速跑，我最多跑过 10 个 400 米，中间只休息大概两分钟。还有时间要求噢，平均要在 1 分 20 秒左右。

**大　A：** 很多不跑步的朋友可能没有这么直观的感受，我以前上学的时候，400 米的最好成绩是 1 分 05 秒。按照你们 1 分 20 秒的要求我跑两三个没问题，跑 10 个真是不可能完成的任务啊。除了心态，你退役后生活上是不是也有很大的变化？

**叶钊颖：** 对，退役之后就去上学了。在清华的 4 年，白天都是上学，下午会带一些选修课，基本上按部就班走向正轨了。

**大　A：** 我看过一篇文章，讲的是之所以职业运动员能够读好书，正是因为当运动员时那种努力、付出和坚持拿来做任何事情都有很大机会获得成功。您认同这种观点吗？

**叶钊颖：** 我是那种当自己心里认定一定要去做这件事的时候，就不会怕任何困难的人。在过程中，肯定会碰到各种各样的问题，碰到了，就会拿出运动员的精神！退役后，我从打网球开始，转到高尔夫，又转到爬山、滑雪……玩了很多种项目。慢慢地就会发现，其实我们需要脱离竞技的思维来享受体育，让体育成为生活中很重要的一部分。反正我这一辈子是离不开体育了。

**大　A：** 刚才您说到一个词——“玩”，那种运动带来的快乐和乐趣一定让您非常享受。听说你一下飞机就直接去西湖夜跑了。同样是跑步，为什么当年是那么深恶痛绝，现在却这样热爱呢？

**叶钊颖：** 一说起跑步，不管是以前打羽毛球的队友，还是其他项目的朋友，每个人都说跑步是我当运动员时最痛恨的事情。我说，你们要转变思路，跑步不是要去冲刺，没有教练在旁边拿着秒表……以前一说下午要跑步，我连午觉都睡不着的。现在，跑步就是比走路快一点，可以去慢慢感受它。我们要大胆走出来，思想不要固化，可以先尝试一下。后来，包括沙宝亮等文艺圈的朋友也慢慢开始跑起来了，现在沙宝亮一天一个 10 公里都没有问题。

## 每个人都可以，但跑步也有尊严

**大　A：**但别人可能会说你是运动员，有这样好的运动基础和身体素质可以跑步，你觉得一般人也可以跑步吗？

**叶钊颖：**我觉得每个人都可以跑步，只不过应该有一个训练计划和过程。从快走到慢跑，到中速跑，再到快速跑……

**大　A：**确实很多朋友都认为跑步就一定要快，其实是要循序渐进的，第一次跑很难，第二次容易些……慢慢形成一个正常的循环。

**叶钊颖：**对，像去年的北京马拉松，我带着孙楠跑了半程。一开始，他老问我："我行不行啊？要是跑不下来，被关门了不是很丢人。"我就一直鼓励他："你没问题的。"他本身很好动，打高尔夫球，还踢球。那次半马他大概用了 2 小时 40 分左右，完成后他其实还有体力，我没有把他带得太快。后来听他跟别人说："叶子把我带得我还没什么感觉，很轻松就跑完了，我们俩边聊天边跑，一下子就到了。"当时，我还提醒他说，快到了，可以冲刺了，他都没有意识到。

**大　A：**之前您说人人都可以跑步，那么跑步需要专业知识吗？

**叶钊颖：**我觉得是非常需要的，不要觉得跑步很简单。你需要有正确的知识，才能够使自己跑步时不受伤，才能够更长久地跑下去。

**大　A：**没错，跑步对膝关节的要求非常高，跑起来的压力是平常走路时的 7 倍，而且一旦发生问题是不可逆的。其实跑步这事特别需要专业指导，但大多数人都不太重视这方面的防护。您的俱乐部会不会把这个作为很重要的话题？

**叶钊颖：** 虽然我是羽毛球的专业运动员，但现在每次我们俱乐部跑步的时候，我都会叫上一位专业的跑步运动员来做指导。

**大　A：** 跑步这个运动也有尊严，是需要大家尊重的。

**叶钊颖：** 对，可能很多人觉得每个人都会走路，都会跑步，但实际上，每项运动的专业性都是非常强的。哪个地方先着地，重心放在哪里……这些都很重要。我每次接触新项目的时候，都会先了解这项运动的特点，如滑雪的危险性在哪里，应该注意什么。还有，安全装备都需要配好，要找到专业的教练，这个也是我想要分享给大家的。

## “YES”跑团 = 叶钊颖 + 享受 + 沙宝亮

**大　A：** 运动更多的是一种生活方式和习惯，养成了之后会给人带来很多的正能量。好的体力和耐力也能帮助自己更好地投入工作和生活。听说您还有一个属于自己的跑步俱乐部，您是怎么想到把大家聚在一起的？

**叶钊颖：** 因为退役之后这么多年来都是我一个人在尝试各种项目，后来发现不能一辈子只有一个人在玩。作为专业运动员，说是职业习惯也好或是责任也罢，感觉应该带着大家一起来玩。另外，也跟沙宝亮有关系，他以前练过杂技，算是半个运动员，非常喜欢运动，我跟他又非常投缘，所以我们就说，那咱们就一块玩玩吧。

**大　A：** 俱乐部的名字是什么？

**叶钊颖：** YES 跑团，Y 是我名字的第一个字母，S 是沙宝亮，中间的 E 是 enjoy（享受）的意思。我们的口号是：“Yes. Let's go！”我的理想是带动更多人跑起来。至于去哪儿跑，像网上很热门的全球马拉松六大满贯什么的都不重要，我觉得在哪儿跑都行，只要有更多人跟着我们跑团一起跑就好了。

**大　A：** 非常有意思啊。您可以在网上把您的训练计划公布出来，比如一周跑几次、跑多少公里，大家可以跟叶钊颖、跟 YES 跑团一起 PK，还可以通过互联网参与的形式，把自己的跑步路线和成绩分享出来。

**叶钊颖：** 是的，公益有很多种，我们跑团的这几个发起人也在想我们能够为公益做些什么。如果能有 100 人、1 000 人……更多的人开始跟着我们参与到运动当中来，这就是最大的公益。

## 与盖洛威“跑走跑”

扫码观看大 A 与“跑走跑”训练法创始人杰夫 · 盖洛威的对话

### 重拾跑步的乐趣

2015 年的初夏，美国传奇跑者、“跑走跑”训练法创始人杰夫 · 盖洛威携中文版《谁都能跑完 5 公里 / 10 公里》首次访华。当时我很荣幸受邀，并以拙文《跑步是一个享受的过程》为其作序。更有意思的是，在对话之后，我还与他并肩在奥森开跑，生动体验了一把盖洛威“跑走跑”训练法。

与盖洛威面对面时，精神矍铄的他身材精瘦挺拔，完全看不出下个月将是年满 70 岁的古稀老者。他说起自己与跑步结缘的初衷，跟我的版本极为相似——13 岁的他曾是个不喜运动、体重超标的“肥仔”，是在学校的要求下才开始跑步锻炼的。

“刚开始跑时简直无法呼吸，但跟着一群孩子一起跑很有乐趣，改变也很快发生了，尽管很辛苦，但这些改变让我变得开心。”跑步不仅让盖洛威拥有好的心态，还提高了学习成绩，“投入到常规跑步之后，人们能更快地做出决定、更高效地解决问题。起初，我并非很有天赋的运动员，我只是刻苦训练，没有放弃，年年在进步。最终，我如愿获得奥运会的参赛资格，这也是改变我人生的一次重大机会”。

1945 年出生的盖洛威曾代表美国队参加 1972 年慕尼黑奥运会的万米赛；在 1973 年的美国国家田径队长跑运动员中，排名第五；并以 2 小时 23 分 2 秒的佳绩摘得 1974 年美国火奴鲁鲁马拉松冠军。

慕尼黑奥运会后的第二年，盖洛威陆续接到讲课的邀约。为了避免初跑者受伤，他将自己多年的经验进行科学的总结与分享，“跑走跑”训练法的雏形初现。1976 年，盖洛威正式组建跑步小组。运动生涯巅峰期过后，他继续坚持跑步健身和参加长跑赛事，并且成为全民跑步教练和畅销书作者，所著的系列丛书《*Galloway's Book on Running*》风靡全球，销量过百万。

在美国，每年有 300 万到 500 万的新晋跑者，其中有六成受到盖洛威训练法的鼓励，大家都在说：“要不是因为你，我不会开始跑步。”在奥兰多的迪士尼乐园，每年都会举行 5 公里、10 公里、半程马拉松以及全程马拉松的比赛，讲述起 7 万多人报名全程马拉松的盛况让盖洛威的嘴角不由上扬。

交流中，他透露跑步不仅能够提高跑者的心肺功能，还有延年益寿的功效：“有数据显示，每运动一小时，能延长寿命两小时！”而这跟跑的速度关系不大，更看重的是每周跑的距离、消耗的卡路里等因素。盖洛威“神奇”的一面还在于，数十年的跑步生涯里，他几乎没有遭遇过运动损伤！

这也是我格外关心的，方法不当、膝关节损伤、跑得太过密集等因素已经让很多跑者无奈放弃了跑步。对此，盖洛威自豪回应说：“根据斯坦福大学的研究，在使用‘跑走跑’、跑龄超过 20 年的 10 000 名跑者中，关节伤病比一般人少 25% 左右。过去 5 年里，我们帮助过超过 6 000 人，其中 900 人有很严重的伤病，但是通过跑走结合，现在都已重拾跑步的乐趣。”

值得一提的是，越来越多的女性开始跑起来。在美国，约有七成左右的新跑者为女性。盖洛威的 20 余本著作中，有五六本专门为“她”而写：“我认为需要从改变生活方式、从走路开始。最初可以是每次 30 分钟的快走，然后才是温和的慢跑。有很多之前完全没有运动基础的女性通过跑步提高了生活质量。”

这跟我的想法不谋而合：“女性跑者的骨骼和肌肉没有男性那么强壮，顾虑比较多。其实一分钟可以先跑 7 ~ 10 秒，再结合走。半小时内不断重复，再逐步增加。这样一来，心肺功能随之提高，减脂的效果也会越来越明显。”

听说这套“跑走跑”的训练法能够帮助跑者平均提升 13 分钟的马拉松成绩，这让我跃跃欲试。不过，随后在奥林匹克森林公园进行的 5 公里跑，我们并没有一味讲究速度，更多是体验盖洛威“跑走跑”训练法的美妙之处。

那天，我们做了一些改变，把每分钟跑步的时间改为跑 40 秒、走 20 秒。试下来，每分钟我的单脚（左脚）一开始有 42 次挪动，然后从 42 次增加到 50 次，配速从 5 分 45 秒加快到 4 分半。这意味着每个 40 秒都要迈更多步，但其实跑起来的时候，心跳还是那么快，却没有感受过去那么多的负担，这在很大程度减少了运动带来的损伤，减少了对关节和肌肉的压力。

这新鲜独特的体验让我顿时踌躇满志，不禁向盖洛威描绘起合作的蓝图：“接下来我们要一起做三件事情，要让从来不跑的人、有各种顾虑的人跑起来；要帮助女性跑者跑起来；要让有抑郁症、自闭症等心理疾病的人跑起来！”

跑走结合中的步幅和步数计算、时间控制等可以帮助跑者聚焦思维。伴随运动产生的多巴胺，会有效提升大脑海马区和前额叶细胞的良性工作循环，辅助脑细胞的生长，有效辅助抑郁症和其他心理疾病的治疗。

那天，我特地穿上 Running Together（专门帮助自闭症儿童和家庭的公益组织）的蓝色 T 恤衫，新浪体育也决定向自闭症患儿家庭提供 200 本介绍盖洛威训练法的图书，帮助家长和患儿尝试跑步辅助治疗。跑走结合的训练法在减少伤病、提高健康水平以及辅助心理疾病治疗方面，有巨大的价值和成果。我希望跑步和盖洛威训练法能帮助自闭症儿童，让自闭症的孩子在奔跑中获得快乐，并对病情有所改善。

与潘石屹、张朝阳一起参加 together 公益跑。

对话
## 张思杰

扫码观看大 A 与
厦门马拉松品牌化创始人
张思杰的对话

### 厦马的未来，不忘初心

2016 年厦门马拉松落下帷幕，作为与北马、上马齐名的国内老牌马拉松顶级赛事，厦马已经走过了 14 个年头。唯美赛道加上周到服务，让这个全国规模最大的海岛马拉松赛拥有着极高人气，并且连续 8 年获得“国际田联路跑金牌赛事”的荣誉。赛前，能与厦门马拉松品牌化创始人、马班顾问张思杰一道撷花牵“马”、煮酒弄茶，亦是一桩美事。

## “不搭嘎”和“一夜白头”

当我问起他当年闯入马拉松圈的故事时，电视导演出身的张思杰不由感叹命运的玄妙:“跟厦马的渊源也是机缘巧合，我是媒体人，媒体人做体育（赛事）感觉是不搭嘎。”契机竟是一位爱跑步的当地市民的意外发现——厦门岛内海滨环岛路线，一圈跑下来大约 42 公里，正好接近一个全程马拉松的距离。

一封邮件引发了大家跑马拉松的热情，而这正好与厦门市寻求城市名片的契机吻合到了一起。只是当政府下大力气决定要做的时候，留给张思杰他们的时间只剩三个月了。一方面，他们前往北京、大连等有办赛经验的城市现学现卖；另一方面，当时市政府对此高度重视。“那时真的是全市联动，国企勇敢地站出来支持，保安、医院、电视台……最终首届厦马的参赛人数达到 12 000 人。”但他也坦言其中很多是依靠厦门大学等学校组织，“主动报名的少。因为很多人不知道怎么跑，不会跑”。凭借国企支持、群众的热情，厦马走到了第三届，张思杰也迎来了最艰难的时光。

“第一届，有国企；第二届，热情退潮；第三届，根本就没人办了。冲在最前面的力气花完了，厦马品牌没起来，市场上没有认知度。”虽然对当时的现状已经做好心理准备，但没资金、没品牌，接下来的厦马该何去何从？此时，张思杰开始重新审视起马拉松赛事这个舶来品。

首先，他能够确定的是，马拉松是一项非常健康的运动:“以前厦门到了晚上八九点，大家都在打麻将，如果能让人们跑起来该有多好。我从内心深处认为它是好东西，这是支撑我的信念，要不忘初心！我们要做的是迅速地跟市场接轨，接地气，做到政府搭台，经济唱戏。”

然而具体该怎么做，他却没有头绪。张思杰向全国五大马拉松取经:“一个

马者面对参赛报名抽签难度加大的局面，再加上跑步的运动形式单一、枯燥，或者他们受天赋不足的影响而久久无法提升至心仪的成绩，其跑马热情开始下降，转而投入到更有变化和挑战，距离更长、难度更高的运动当中。这正是超长距离的越野跑、铁人三项等运动在近两年逐步兴起的主要原因之一。

铁人三项对我们来说有更加新鲜的吸引力，这项运动综合了游泳、自行车、长跑三种项目，要求一次性连续完成，其赛程长、难度大，全面挑战人的体能、耐力和技巧，是最具刺激性、挑战性、观赏性的极限运动赛事。

## 铁人三项运动的起源

1974 年 9 月 25 日，圣迭哥跑步俱乐部的杰克·约翰斯通（Jack Johnstone）和唐·沙纳汉（Don Shanahan）在美国圣迭哥的米申湾（Mission Bay）成功举办了一场包括游泳、自行车、跑步的比赛，距离分别为 557 米、8 000 米、9 600 米。于是历史上第一场由游、骑、跑三项竞赛组成的多项运动耐力赛诞生了。其后的几年内，这项赛事又连续举办了三届，赛事的高度挑战性和运动项目的多样性使这项新型的耐力型竞赛运动很快在世界各地得到发展。1974 年举办的这场革命性赛事后来被公认为是现今铁人三项（Triathlon）赛事的开端。

为铁人三项赛事冠上铁人（Ironman）头衔则源于 1978 年在美国夏威夷举办的一场长距离三项竞赛“夏威夷铁人三项赛”（Hawaiian Ironman Triathlon）。这场堪称当时最自虐的赛事是由美国海军军官约翰·柯林斯（John Collins）所提议的。在 1977 年的“环瓦胡岛自行车赛”（Around-Oahu Bike Race）的颁奖典礼中，大家争论谁才是最强的耐力选手。当大家争论得不可开交的时候，约翰·柯林斯联想到自己曾参加过两次的圣迭哥铁人三项比赛，于是提议将当时夏威夷岛上著名的三场耐力比赛合成一场，即 2.4 英里（3.86 公里）的威基基公开水域游泳赛（Waikiki Rough Water Swim）、112 英里（180 公里）的环瓦胡岛自行车赛及 26.2 英里（42.195 公里）的火努鲁鲁马拉松赛（Honolulu Marathon）。

于是，经过一年的筹备，第一场“夏威夷铁人三项赛”在1978年2月18日成功举行。这次比赛共有15人参加，最终有12人完成，一位热爱健身的出租车司机哈勒（Gordon Haller）以11小时46分58秒第一个冲过终点，获得史上第一位Ironman称号。约翰·柯林斯也以17个小时多的成绩完赛。在比赛开始前，约翰·柯林斯在给参赛选手的赛事手册上写下了这么一段话：“游2.4英里吧！骑112英里吧！跑26.2英里吧！完成它们，你将拥有值得夸耀一辈子的成就！谁能完成这项赛事，我们将称他为真正的Ironman！”

## 铁人三项赛（Triathlon）和铁人赛（Ironman）

人们把这项一次性连续完成游泳、自行车和跑步的复合式新型运动称为“Triathlon（铁人三项）”。在2000年悉尼奥运会上，铁人三项被首次列为奥运会的比赛项目。Ironman是世界铁人公司（WTC，World Triathlon Corporation）的注册赛事商标，WTC公司组织的比赛称为Ironman（铁人赛）。1987年，我国首场铁人三项赛由民间组织在海南省三亚市举办，比赛距离为游泳2公里、自行车80公里、跑步42.195公里。由于历史翻译的一些原因，目前在中文的语境中，无论是“Triathlon”，还是“Ironman”，通常都翻译成“铁人三项”。

## 铁人三项赛的距离

铁人三项赛有各种不同的距离，比较常见的有以下几种：

- 标铁：奥运标准距离铁人三项赛，即奥运会采用的比赛距离。游泳1.5公里，自行车40公里，跑步10公里，总距离为51.5公里。
- 短距离：奥运标准距离的一半，即游泳0.75公里、自行车20公里和跑步5公里，总距离为25.75公里。

- 大铁：通常指 WTC 公司组织的 Ironman 比赛距离，即游泳 3.8 公里、自行车 180 公里和跑步 42.195 公里，总距离 226 公里，所以又称为“大铁 226”。
- 半大铁：通常指 WTC 公司组织的 Ironman 70.3 比赛距离，是大铁比赛距离的一半，游泳 1.9 公里、自行车 90 公里和跑步 21.0975 公里，总距离 113 公里，所以又称为“大铁 113”。

铁人三项虽然仅诞生了 40 年左右，但如今却已在欧美日韩等世界各地广泛传播。由于铁人三项比赛可分为不同的距离等级，又按参赛者的年龄来划分竞赛组别（通常按 5 ~ 10 岁设置年龄段组别），其报名也通常不需要抽签，因此适合各年龄的人群参与，在促进身体全面发展方面具有独特的优势。来吧，让我们挑战与超越自我，做一名真正的“铁人”！

“

50lbs 哑铃相扑步蹲起 20×5
双手哑铃 25lbs×2，40×4
引体向上 5×7·
健腹轮 20×4

倒时差，减量……心脏负担明显。只有50磅的哑铃蹲起，脉搏高。休息很重要。睡前的两杯 Samuel Adams 就不太必要了。(4.19)

前天带病训练时，没有什么感觉，尽管主动减量，但昨天到今天，都在还债。肩膀剧痛。逆水行舟，事倍功半。

10 公里。烦恼被跑走了 1/3。Good morning world.

”

“

作为一名跑者，他的魔障是，不管飞了多远，落地的感觉都是：温度 25 度，湿度 60%，可以跑一辈子呀。看到路就想，这一圈几公里呀。生为跑步，生来跑步。Born to run……

慢跑 10 公里。北京的夏天来得不慌不忙。
打卡第 25 天，运动只为更好的自己！
有氧 14 公里后回家。

打卡第 36 天。
开启 8 月。今天 30 公里，还有 170 公里的 8 月。
没有捷径，从来没有。

”

# 一个人跑步，你的答案是什么

2012 年 10 月，在跑步 12 年后，我完成了我的首马。首马之后，身体的痛楚、精神的亢奋、自我的膨胀让我没能在第一时间重新思考，我们到底为什么要跑步。

首马之后，我一直没有系统地训练，而两个月后，又迎来了 2013 年 1 月的厦门马拉松。前文说过，因为北马 4 小时 29 分完赛而产生的自信，我不可避免地在厦门遭遇抽筋，勉强以 4 小时 48 分完成了第二个马拉松。厦门马拉松之后，我才开始认真思考，我为什么跑马拉松。

我早前听说过戈壁挑战赛，一群大多没经过训练的 EMBA 老板学员经过几个月的大干特干，就进入戈壁，冒着遭遇脱水、中暑等伤病的风险，参加长距离比赛。他们说：“为集体荣誉而跑！”我以前在惠普有位同事，先前是个100公斤的大胖子，戴副眼镜，整天乐呵呵的，十分讨人喜欢。后来，他无端发愿，开始跑步，半年后，体重减轻了30公斤。他说：“为减肥而跑！”

我的一位跑友是著名企业大佬，多年积劳成疾，患了严重的抑郁症，在尝试多种锻炼方式之后，从2014年开始跑步。我和他在朝阳公园一起完成了他第一个10公里，用时1小时4分。现在，他已经可以轻松驾驭全马，跑步帮助他对抗病魔。他说：“为战胜精神疾病而跑！”

2015年新浪体育第二届“跑动中国”跑团评选时，我碰到“Mama Run跑团”（妈妈跑团），这是由一群年轻辣妈组成的跑团。孕妇生完宝贝后身材恢复有难度，尤其是二胎和高龄产妇，于是她们聚在一起，进健身房跑步，参加马拉松。她们说：“为产后恢复光彩而跑！”

著名跑者田同生老师，60岁的人却有着30岁的身体和20岁的年轻性格。每每碰到新朋友，他就“忽悠”人家跑步，每次都拉起衬衫亮出腹肌，让人忍俊不禁。我想，他会说：“为对抗衰老、让青春永驻而跑！”

2015年，我在成都采访一位健身达人，她举铁多年，一直坚持无氧训练，为了能迅速提升心肺能力，一年前开始跑步，希望能提升健身成绩和训练效果。

我曾多次看到跑团中的跑友积极组织、参与跑团活动，主动奉献，勤恳付出，他们是跑团的中坚力量、大家的朋友，在收获跑友赞许的同时，他们还享受跑步带来的社会认同和归属感以及以跑团为家的安全感。

我的一位多年好友，每周5次，每次一小时，在户外或健身房锻炼。他从来不参加跑团活动，甚至很少参加马拉松比赛，尽管他的能力很强，参加比赛成绩也一定不错，但他更享受有氧锻炼带来的运动快感和多巴胺给予的心理愉悦感。

有这么多理由让人开始跑步，你是哪一种呢？一旦开始了，又是什么理由让你可以坚持跑步5年、10年、20年，让跑步成为一种生活方式、生命的一部分呢？

我总在反思，跑步到底给我带来了什么？它改变了什么，固化了什么？虽然总有思考，但从无定论！你需要不时地再审视来时的跑道，经常问自己："我为什么跑步？"

这几年，跑步突然成了一种时尚，要是不跑步，似乎都不好意思和朋友出去聊天了。微博、微信等社交平台也让跑者收获了更多朋友的赞誉、同事的肯定和亲人的另眼相看。如果有一天，跑步再也不会让你收获上述福利，你还会跑步吗？很多跑者跟着朋友开始跑步，然后逐渐地，成为自己一个人跑步。跑步的社交属性在资深跑者中被大大淡化，跑步更多是自律，是习惯，是自己的生活，自己的空间和世界。

2014年的深冬，一次清晨零下10度的10公里后，身体蒸发的水汽在冲锋衣的内侧结冰，我脱下冲锋衣的一瞬间，冰凌四溅。刹那间，我愣住了，恍惚了，我为什么跑步？我总说，跑步是一种孤独的运动，需要自己和自己对话，自己看着自己成长、成熟。这其中的美妙点滴，相信每位资深跑者都经历过。

其实跑步、工作和生活都是一样的，不经历风雨，哪能见得了彩虹。而在经历风雨的路上，你往往都是孤独前行。很多事情是不能、不需要，也不可能和别人分享的吧。

我的几位跑友一直在争论，跑多少最好，跑多快最好。跑友中流行的调侃是“跑太快没朋友”。当你把跑步训练的目标逐渐提升，你付出的训练时间会越来越长，会越来越努力，你的成绩和能力也一定会突飞猛进。但在进步、进阶全马成绩的同时，你放弃了跑步中固有的社交属性。你跑得越快，身边的朋友越少；你跑得越多，用时越长，你能花的社交时间也在相应减少。你要主动问问自己，你愿意投入多大精力、多少时间、放弃多少，来成就你奔跑的欲望。

朋友圈里，总有大神终日占据跑量榜首，那是你所追求的吗？如果放弃和朋友相处的时间，将之用于训练，就会跑得更快，你愿意吗？一直有朋友鼓励我跑进4小时，我也自信我有能力通过训练达到4小时以内的全马成绩，只需要把跑量从每月 200 公里增加到 300 公里。2016 年年初，由于工作原因，我开始系统地进健身房训练，我的肌肉能力得以迅速提升。硬拉从 40 公斤到 110 公斤，自由蹲负重从 40 公斤到 110 公斤，引体向上从 5 个到 30 个，但体脂降低的同时，并没有形成令人羡慕的 8 块腹肌，我的教练开始动员我控制饮食，用白水煮鸡胸代替牛排，用胡萝卜汁代替红酒。

如果每周多投入 15 个小时用于训练，你会跑得更快，你接受吗？如果放弃美食、美酒，你可以拥有能够炫耀的身材，你愿意吗？跑步也好，健身也好，为什么要开始并为之努力呢？你的答案是什么？

湛庐文化 Cheers Publishing

a mindstyle business 与思想有关

# 湛庐，与思想有关……

## 如何阅读商业图书

商业图书与其他类型的图书，由于阅读目的和方式的不同，因此有其特定的阅读原则和阅读方法，先从一本书开始尝试，再熟练应用。

**阅读原则1 二八原则**

对商业图书来说，80% 的精华价值可能仅占 20% 的页码。要根据自己的阅读能力，进行阅读时间的分配。

**阅读原则2 集中优势精力原则**

在一个特定的时间段内，集中突破 20% 的精华内容。也可以在一个时间段内，集中攻克一个主题的阅读。

**阅读原则3 递进原则**

高效率的阅读并不一定要按照页码顺序展开，可以挑选自己感兴趣的部分阅读，再从兴趣点扩展到其他部分。阅读商业图书切忌贪多，从一个小主题开始，先培养自己的阅读能力，了解文字风格、观点阐述以及案例描述的方法，目的在于对方法的掌握，这才是最重要的。

**阅读原则4 好为人师原则**

在朋友圈中主导、控制话题，引导话题向自己设计的方向去发展，可以让读书收获更加扎实、实用、有效。

## 阅读方法与阅读习惯的养成

（1）回想。阅读商业图书常常不会一口气读完，第二次拿起书时，至少用 15 分钟回想上次阅读的内容，不要翻看，实在想不起来再翻看。严格训练自己，一定要回想，坚持 50 次，会逐渐养成习惯。

（2）做笔记。不要试图让笔记具有很强的逻辑性和系统性，不需要有深刻的见解和思想，只要是文字，就是对大脑的锻炼。在空白处多写多画，随笔、符号、涂色、书签、便签、折页，甚至拆书都可以。

（3）读后感和 PPT。坚持写读后感可以大幅度提高阅读能力，做 PPT 可以提高逻辑分析能力。从写读后感开始，写上 5 篇以后，再尝试做 PPT。连续做上 5 个 PPT，再重复写三次读后感。如此坚持，阅读能力将会大幅度提高。

（4）思想的超越。要养成上述阅读习惯，通常需要 6 个月的严格训练，至少完成 4 本书的阅读。你会慢慢发现，自己的思想开始跳脱出来，开始有了超越作者的感觉。比拟作者、超越作者、试图凌驾于作者之上思考问题，是阅读能力提高的必然结果。

扫码关注湛庐文化，
回复“阅读”
这5种方法，让读过的书变成你的影子

[ 特别感谢：营销及销售行为专家 孙路弘 智慧支持！ ]

**我们出版的所有图书，封底和前勒口都有“湛庐文化”的标志**

湛庐文化 Cheers Publishing

a mindstyle business 与思想有关

**并归于两个品牌**

财富汇　　心视界

**找“小红帽”**

为了便于读者在浩如烟海的书架陈列中清楚地找到湛庐，我们在每本图书的封面左上角，以及书脊上部 47mm 处，以红色作为标记——称之为**“小红帽”**。同时，封面左上角标记**“湛庐文化 Slogan”**，书脊上标记**“湛庐文化 Logo”**，且下方标注图书所属品牌。

湛庐文化主力打造两个品牌：**财富汇**，致力于为商界人士提供国内外优秀的经济管理类图书；**心视界**，旨在通过心理学大师、心灵导师的专业指导为读者提供改善生活和心境的通路。

**阅读的最大成本**

读者在选购图书的时候，往往把成本支出的焦点放在书价上，其实不然。

**时间才是读者付出的最大阅读成本。**

阅读的时间成本=选择花费的时间+阅读花费的时间+误读浪费的时间

湛庐希望成为一个“与思想有关”的组织，成为中国与世界思想交汇的聚集地。通过我们的工作和努力，潜移默化地改变中国人、商业组织的思维方式，与世界先进的理念接轨，帮助国内的企业和经理人，融入世界，这是我们的使命和价值。

我们知道，这项工作就像跑马拉松，是极其漫长和艰苦的。但是我们有决心和毅力去不断推动，在朝着我们目标前进的道路上，所有人都是同行者和推动者。希望更多的专家、学者、读者一起来加入我们的队伍，在当下改变未来。

# 湛庐文化获奖书目

**《大数据时代》**
国家图书馆"第九届文津奖"十本获奖图书之一
CCTV"2013中国好书"25本获奖图书之一
《光明日报》2013年度《光明书榜》入选图书
《第一财经日报》2013年第一财经金融价值榜"推荐财经图书奖"
2013年度和讯华文财经图书大奖
2013亚马逊年度图书排行榜经济管理类图书榜首
《中国企业家》年度好书经管类TOP10
《创业家》"5年来最值得创业者读的10本书"
《商学院》"2013经理人阅读趣味年报·科技和社会发展趋势类最受关注图书"
《中国新闻出版报》2013年度好书20本之一
2013百道网·中国好书榜·财经类TOP100榜首
2013蓝狮子·腾讯文学十大最佳商业图书和最受欢迎的数字阅读出版物
2013京东经管图书年度畅销榜上榜图书，综合排名第一，经济类榜榜首

**《牛奶可乐经济学》**
国家图书馆"第四届文津奖"十本获奖图书之一
搜狐、《第一财经日报》2008年十本最佳商业图书

**《影响力》(经典版)**
《商学院》"2013经理人阅读趣味年报·心理学和行为科学类最受关注图书"
2013亚马逊年度图书分类榜心理励志图书第八名
《财富》鼎力推荐的75本商业必读书之一

**《人人时代》(原名《未来是湿的》)**
CCTV《子午书简》·《中国图书商报》2009年度最值得一读的30本好书之"年度最佳财经图书"
《第一财经周刊》· 蓝狮子读书会·新浪网2009年度十佳商业图书TOP5

**《认知盈余》**
《商学院》"2013经理人阅读趣味年报·科技和社会发展趋势类最受关注图书"
2011年度和讯华文财经图书大奖

**《大而不倒》**
《金融时报》· 高盛2010年度最佳商业图书入选作品
美国《外交政策》杂志评选的全球思想家正在阅读的20本书之一
蓝狮子·新浪2010年度十大最佳商业图书，《智囊悦读》2010年度十大最具价值经管图书

**《第一大亨》**
普利策传记奖，美国国家图书奖
2013中国好书榜·财经类TOP100

**《真实的幸福》**
《第一财经周刊》2014年度商业图书TOP10
《职场》2010年度最具阅读价值的10本职场书籍

**《星际穿越》**
国家图书馆"第十一届文津奖"十本奖获奖图书之一
2015年全国优秀科普作品三等奖
《环球科学》2015最美科学阅读TOP10

**《翻转课堂的可汗学院》**
《中国教师报》2014年度"影响教师的100本书"TOP10
《第一财经周刊》2014年度商业图书TOP10

# 湛庐文化获奖书目

**《爱哭鬼小隼》**
国家图书馆“第九届文津奖”十本获奖图书之一
《新京报》2013年度童书
《中国教育报》2013年度教师推荐的10大童书
新阅读研究所“2013年度最佳童书”

**《群体性孤独》**
国家图书馆“第十届文津奖”十本获奖图书之一
2014“腾讯网·啖书局”TMT十大最佳图书

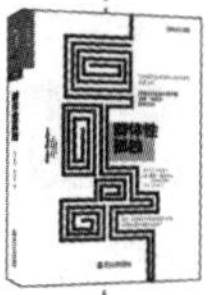

**《用心教养》**
国家新闻出版广电总局2014年度“大众喜爱的50种图书”生活与科普类TOP6

**《正能量》**
《新智囊》2012年经管类十大图书，京东2012好书榜年度新书

**《正义之心》**
《第一财经周刊》2014年度商业图书TOP10

**《神话的力量》**
《心理月刊》2011年度最佳图书奖

**《当音乐停止之后》**
《中欧商业评论》2014年度经管好书榜·经济金融类

**《富足》**
《哈佛商业评论》2015年最值得读的八本好书
2014“腾讯网·啖书局”TMT十大最佳图书

**《稀缺》**
《第一财经周刊》2014年度商业图书TOP10
《中欧商业评论》2014年度经管好书榜·企业管理类

**《大爆炸式创新》**
《中欧商业评论》2014年度经管好书榜·企业管理类

**《技术的本质》**
2014“腾讯网·啖书局”TMT十大最佳图书

**《社交网络改变世界》**
新华网、中国出版传媒2013年度中国影响力图书

**《孵化Twitter》**
2013年11月亚马逊(美国)月度最佳图书
《第一财经周刊》2014年度商业图书TOP10

**《谁是谷歌想要的人才？》**
《出版商务周报》2013年度风云图书·励志类上榜书籍

**《卡普新生儿安抚法》《最快乐的宝宝1·0~1岁》**
2013新浪“养育有道”年度论坛养育类图书推荐奖

**图书在版编目（CIP）数据**

跑步时，我拥有整个世界 / 魏江雷著；　杭州：浙江人民出版社，2017.1

ISBN 978-7-213-07796-8

Ⅰ.①跑…　Ⅱ.①魏…　Ⅲ.①跑－健身运动　Ⅳ.① G822

中国版本图书馆 CIP 数据核字（2016）第 322701 号

**上架指导：运动健身 / 马拉松**



**本书法律顾问　北京市盈科律师事务所　崔爽律师**
**张雅琴律师**

**跑步时，我拥有整个世界**

魏江雷　著

出版发行：浙江人民出版社（杭州体育场路 347 号　邮编　310006）
市场部电话：（0571）85061682　85176516
集团网址：浙江出版联合集团　http://www.zjcb.com
责任编辑：朱丽芳　陈　源
责任校对：张谷年
印　　刷：北京中印联印务有限公司
开　　本：720mm × 965 mm 1/16　　印　　张：13.75
字　　数：143 千字　　插　　页：1
版　　次：2017 年 1 月第 1 版　　印　　次：2017 年 1 月第 1 次印刷
书　　号：ISBN 978-7-213-07796-8
定　　价：49.90 元

如发现印装质量问题，影响阅读，请与市场部联系调换。

## 【刚入门跑者】

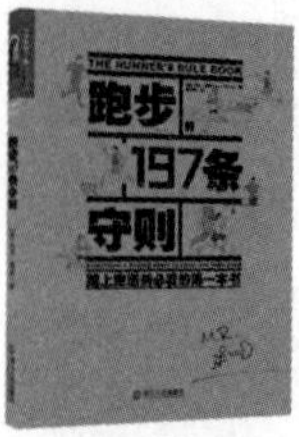

### 《跑步革命》

跑圈最盛行的三大跑步法之二，“姿势跑法”真人配图、实战操练指南，两届奥运会教练，运动损伤诊断、预防和康复锻炼多领域运动科学家尼可拉斯•罗曼诺夫博士 倾力巨献！

### 《跑步的 197 条守则》

踏上跑道前必看的第一本书，“42 旅”创始人苏妍如担纲翻译，献给全世界跑者最欢乐的、可以边读边写的跑步手册。

### 《太极跑》

跑圈最盛行的三大跑法之一，20 多万跑者亲身实践，让你不再因伤停止！

## 【中级跑者，配速 730–500 之间】

### 《马拉松训练宝典》

全球最权威跑步杂志《跑者世界》历时 3 年倾力奉献，“亚索 800”发明者 亚索领衔打造！

### 《酷能跑步营》

从脚步力量训练开始，关注心率和速度，带你缔造跑步奇迹！

### 《跑步时该如何呼吸》

《跑者世界》“年度贴士”，带你打造革命性呼吸法！

### 《你可以跑得更快》

马拉松成败的 6 大因素深度解析，12 套周期性训练计划，多位马拉松世界冠军经验分享，强势助力刷新 PB！

## 【高级跑者，配速小于 500】

### 《马拉松终极训练指南》

芝加哥马拉松官方训练计划制订者 HAL HIGDON 系列作品。畅销 22 年，全球 50 多万人亲身实践。

### 《丹尼尔斯经典跑步训练法》

“美国最佳教练”倾力打造，首度详尽阐释三大经典跑法之“乳酸门槛跑”，最具科学性的最佳跑者训练教程！